TAKE OUT
일본근대백년

하광용 지음

파람북

추천의 글

"낮에는 반일反日, 밤에는 친일親日"의 시대가 있었습니다. 이제는 이 책을 읽는 동료 시민들이 낮에나 밤에나 자유롭게 '지일知日'과 '초일超日'을 논하며 새로운 태평양시대를 만들어가기를 기대합니다.

김명섭 | 연세대학교 정치외교학과 교수

대개 역사책은 지정된 과거로부터 시간을 거스르지 않고 점점 현재와 가까워진다. 하지만 하광용 작가가 쓴 〈TAKEOUT 일본근대백년〉은 그 도도한 시간의 질서를 파괴한다. 시간의 터널을 자유롭게 오가며 먼 과거와 가까운 과거를 들락거리는 것이다. 신기한 역사책이다. 난 이미 그의 전작인 두 권의 'TAKEOUT' 유럽 역사와 예술 책에서 그의 그런 시간 여행 기술을 경험했다. 이 책에서도 그는 일본의 근대 100년과 그 100년을 만든 300년의 시간을 타임머신을 타듯이 오고 간다. 그가 잃어버린 시간을 찾아서 떠난 일본 근대 여행 가이드북이다.

황주리 | 서양화가, 소설가, 칼럼니스트

150여 년 전 일본은 아시아에서 가장 먼저 근대화가 되고 선진국도 되었습니다. 서세동점이라지만 변화는 내부에서도 강하게 일어났습니다. 하광용 작가의 이 책은 그 시대의 일본 역사를 다룬 책입니다. 우리가 듬성듬성 알고 있는 일본의 근대화 과정을 알기 쉽게 에세이 형식으로 썼습니다. 내용이 생생할 수밖에 없는 이유는 그가 직접 눈으로 보고 쓴 것에도 기인할 것입니다. 그는 태평양인문학교실의 운영위원장을 맡으며 7년 전부터 회원들과 함께 일본 근대화의 현장들을 답사해 왔습니다. 그래도 역사 전문가가 아닌 광고인인 그가 이 책에서 시간을 넘어 일본의 각 시대를 오가고, 공간도 넘어 동서양을 오가는 것을 보면 놀랍기만 합니다. 부디 그의 바람대로 이 책을 통해 일본을 강하게 만들고, 우리를 아프게 만들었던 그 시대의 역사를 올바로 알게 되기를 희망합니다.

강흥구 | 사단법인 태평양시대 이사장

역사적으로 중국은 한국을 한 수 아래로 봐왔습니다. 우리는 일본을 그렇게 봐왔습니다. 나름 서로 그것을 인정했던 시절도 있었습니다. 그런데 어느 시점부터 역방향으로 일본은 우리를 한 수 아래로 보기 시작했습니다. 1592년 임진왜란을 일으킨 일본은 조선을 한 수 아래로 보았을 것입니다. 그리고 당시 조선의 요청으로 참전했던 명나라인 중국과는 비겼다고 생각했을 것입니다. 이후 300여 년 후인 19세기 말부터 일본은 우리는 물론 중국까지도 완벽하게 따돌렸습니다. 이런 반전은 일본이 가장 먼저 근대화되었기 때문일 것입니다.

그렇다면 일본은 어떻게 근대화를 이루었고 선진국이 되었을까요? 이 책은 1부와 2부에서 일본을 아시아의 최강자로 올라서게 한 1868년 메이지 유신 전후의 백년사를 다루고 있습니다. 그리고 역사의 인과성이라는 측면에서 그 메이지 유신을 가능하게 한 16세기 중엽부터의 역사적 사건도 3부와 4부에서 다루고 있습니다. 시간대를 따라 추보식으로 쓴 것이 아닌 중요 사건과 주요 인물을 중심으로 썼습니다. 그렇게 주제에 따라 쓰다 보니 어떤 인물과 사건은 반복되기도 했습니다. 주제에 필요하다면 또 포함시킨 것입니다. 거기에 저의 체험과 생각도 포함시켜 에세이 형식으로 풀어나갔습니다. 즉, 일본 역사책이 아니라 일본 역사 인문교양집입니다. 그런데 일본 역사를 전공한 학자나 일본 전문가가 쓴 책이 아니고 우리나라와 일본 관계에 관심이 많은 30년 넘게 광고업에 종사한 광고인이 쓴 책입니다. 그러다 보니 이 책은 제목에서 보이듯, 그리고 시리즈 전작인《TAKEOUT 유럽예술문화》나《TAKEOUT 유럽역사문명》처럼 다분히 쉽고 가볍게 읽힐 것입니다. 그래도 일본을 객관적으로 이해하는 데 도움이 되기를 바랍니다.

이젠 우리가 많이 안다곤 하지만 일본은 여전히 모르는 것이 많은 나라입니다. 가장 큰 이유는 그 기초가 되는 학교에서의 역사 교육이 부실했기 때문입니다. 그리고 이후에도 사실을 언급하는 것조차 터부시되어 온 일본이기에 그렇습니다. 그래서 우리의 머릿속엔 우리를 침략한 나쁜 나라에서 멈춰있는 일본이기도 합니다. 우리보다 강해지면서 우리를 괴롭힌 것이라면 그 강해진 이유에 대해서도 알아야 하는데 그렇지 못한 것이었습니다. 그래야 하는 이유는 알아야 그런 치욕의 역사가 반복되는 것을 막을 수 있기 때문입니다. 병법의 기본은 예나 지금이나 지피지기면 백전백승이기 때문입니다. 또한 그 역사를 알아야만 우리가 모든 방면에서 최소한 동등한 입장에서 일본을 대할 수 있을 것입니다. 오늘날과 같은 글로벌 시대에 일본을 대하지 않고서는 살 수 없으니까요. 만약 지금도 학교에서 일본 역사에 대한 교육이 과거와 달라진 것이 없다면 청소년들에게도 이 책이 도움이 되기를 희망합니다.

TAKEOUT 1
근대를 만든 사람들

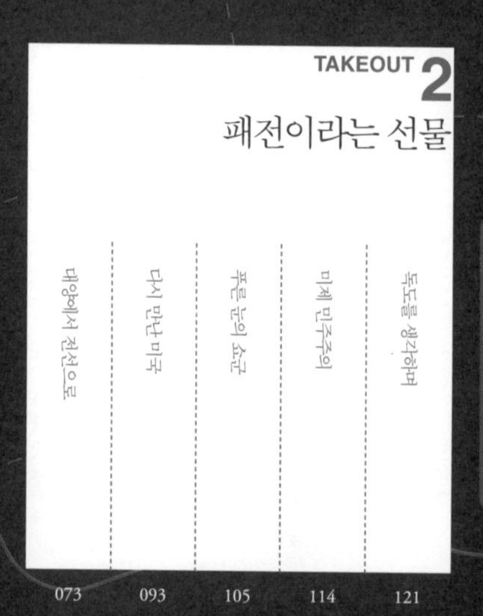

TAKEOUT 2
패전이라는 선물

TAKEOUT 3
근대화의 프리퀄

TAKEOUT 4
클래식의 순간들

TAKEOUT 1

근대를 만든 사람들

흑선, 출현

매슈 페리 Matthew C. Perry

일본 근대화의 시작이라고 하는 메이지 유신을 최초로 촉발한 것은 에도 앞바다에 뜬 미국의 페리 제독이 몰고 온 검은 배, 흑선 함대였습니다.

일본을 깨우다

당시 미국의 동인도 함대 사령관이었던 페리는 1853년과 1854년

두 차례에 걸쳐 나타났습니다. 처음엔 4척을 몰고 왔는데 일본과 뜻대로 협상이 안 되어 그다음 해 7척을 몰고 다시 왔습니다. 흑선을 이용한 무력 시위에 압박당한 도쿠가와 막부는 결국 1854년 미국과 불평등조약인 미일화친조약을 체결하게 됩니다. 이 사건은 존왕양이파라 불리는 개화파들을 각성하게 했습니다. 흑선으로 상징되는 외세가 밀고 들어오는데, 무능한 막부 체제하에서 일본의 미래는 없다고 본 것입니다.

그들 중 흑선에 직접 관여된 주요 인물로는 그 흑선에 용기 있게 잠입해 미국으로 밀항을 시도했던 일본 보수 우익의 영혼이라 불리는 요시다 쇼인吉田松陰과 그것을 경이롭게 목격한 후 대정봉환에 박차를 가한 사카모토 료마坂本竜馬가 있었습니다. 나중에 이야기할 것이지만, 이 둘 다 메이지 유신의 사상과 행동에 핵심으로 공헌한 인물들입니다.

그 이전 일본 앞바다에 서양 배가 없었던 것은 아닙니다. 16세기 초부터 포르투갈, 네덜란드, 영국, 프랑스 등의 유럽 배들이 일본 앞바다에 출현했습니다. 그들 중 처음에 온 포르투갈은 임진왜란 시 일본이 조선에게 유용하게 써먹은 조총도 전수했지만 더 큰 목적인 기독교 선교에 적극적이었습니다. 일본은 처음엔 포교를 허용했지만 그 세력이 예상보다 커지자 그것을 금지시키고 쇄국으로 방향을 틀었습니다. 임진왜란 시 왜장 고니시 유키나가가 조선 땅에 포르투갈 신부를 대동해 전투 중 부하들과 미사를 드릴 정도로 초창기 일본은 기독교에 개방적이었습니다. 그런데 쇄국으로 방향을 틀면서 심한 박해가 시작되는데 국내에도 개봉한 엔도 슈사쿠의 소설 〈침묵沈黙〉을 영화화한 〈사일런스Silence〉는 바로 이 시기의 이야기입니다.

이에 막부는 서양과의 무역 창구를 나가사키의 데지마라는 인공섬 한 곳으로 통일하여 1641년부터 200여 년간 독점권을 가진 네덜란드를 통해서만 서양과 교류했습니다. 우리 조선의 왜관처럼 말입니다. 기독교 선교를 하지 않는다는 조건으로 허용한 것이었습니다. 그래서 일본엔 네덜란드로 대표되는 서양의 문물과 학문을 지칭하는 난학蘭学(란가쿠)이 발달했습니다. '탈아론'을 주장한 후쿠자와 유키치를 비롯한 당시 일본의 선각자들은 난학을 공부한 사람들이었습니다. 그리고 역으로 일본의 도자기나 우키요에浮世絵(일본 근세의 풍속화)로 대표되는 일본 문화가 네덜란드를 비롯한 유럽에 전해지며 그 동양의 이국적인 멋으로 유럽인들을 열광시키기도 했습니다. 네덜란드를 대표하는 화가 빈센트 반고흐를 비롯한 당시 유럽 대가들의 그림에 우키요에가 보이는 이유입니다. 하지만 난학은

빈센트 반고흐의 〈탕기 영감의 초상〉. 모델 뒤로 여러 점의 우키요에 그림이 보입니다. | 1887

이렇게 일본을 알리고 발달시키긴 했지만 막부 봉건제로 대표되는 일본의 시스템까지 바꾸지는 못했습니다.

그러나 19세기 중반 신무기로 무장한 미국이라는 신흥 강대국의 출현은 그 이전과는 경이감과 위기감의 강도가 달랐습니다. 그도 그럴 것이 페리 제독이 1853년 몰고 온 흑선 중 페리가 타고 있던 기함은 2,540톤으로 당시 세계 최대의 최신 전함이었던 데 반해 그 시절 일본이 보유한 선박은 최대치가 100톤 전후에 불과했으니까요. 무려 25배의 차이, 아마 당시 일본인들의 눈에 그 시커먼 증기선은 바다 위에 떠있는 괴수 고질라로 보였을 것입니다.

바다로 나간 인재들

1858년 막부는 미국의 압력으로 미일화친조약보다 더 강화된 미일수호통상조약을 체결했습니다. 핵심 골자는 요코하마를 비롯한 5개 항구를 정식으로 개항한 것입니다. 4년 전 맺은 미일화친조약에 무역 등 상거래에 대한 내용이 빠져있어 이를 관철시키기 위해 미국이 다시 맺게 한 조약이었습니다. 당시 미국은 막부의 쇼군에게 불응 시 군함 공격 등의 압력까지 가하며 조약을 강행했습니다. 때를 같이 해서 일본은 영국, 프랑스 등 유럽 강국들과도 조약을 맺어 이제 완전한 개항 국가가 되었습니다.

그리고 그 후 불과 10년 만인 1868년 메이지 유신이 성공한 것입니다. 개항에 이어 264년간 칼 찬 사무라이들이 지배해온 막부 정권이 와르르 무너졌습니다. 10년이면 강산도 변한다더니 일본은 진짜 그렇게 된 것입니다.

우리나라도 1876년 강화도 조약으로 개항 후 1884년 갑신정변이 일어났으니 단기간 흐름은 비슷하게 진행되었습니다. 그런데 우린 딱 3일천하로 끝났습니다.

메이지 유신 성공 후 일본은 정부 차원에서 1871년 이와쿠라 사절단을 꾸려 구미 12개국을 방문하게 하였습니다. 그들을 압박한 구미 선진국의 실체를 직접 보고 체험하게 하기 위함이었습니다. 이와쿠라는 사절단 대표인 전권대사의 이름입니다. 유학생 포함 106명 규모의 사절단은 일본의 미래를 짊어질 인재들로 구성되었으며 방문 기간은 장장 22개월이었습니다. 그런데 이 기간 중 타 국가 대비 압도적으로 긴 8개월이 미국 체류였습니다. 사절단은 이름도 아메리카호라는 증기선을 타고 태평양을 건너 샌프란시스코에 도착해 대륙을 횡단하며 미국의 이곳저곳을 시찰하며 백악관이 있는 워싱

이와쿠라 사절단의 주요 인물, 좌로부터 기도 다카요시, 야마구치 마스카, 이와쿠라 도모미, 이토 히로부미, 오쿠보 도시미치

턴 DC를 방문했습니다. 그 기간 중 미국의 정치, 경제, 과학기술, 군사, 교육, 문화 등을 견학한 것입니다. 그리고 그곳에서 유럽으로 건너가 영국, 프랑스, 독일을 비롯한 선진 국가들을 견학하고 돌아왔습니다.

그들 중 유신3걸이라 불리는 오쿠보 도시미치와 기도 다카요시가 있었습니다. 그리고 후에 일본의 초대 총리가 된 이토 히로부미도 있었습니다. 일본의 근대화와 팽창에 모두 기여를 한 인물들입니

에도 앞바다에 출현한 미국의 흑선 기록화 | 1862-1880

미국의 동인도함대 사령관 자격으로 흑선을 몰고 와 일본을 개항시킨 매슈 페리 제독(1794~1858)

다. 물론 다른 100여 명도 돌아와 일본의 각 분야에서 중추적인 역할을 담당했습니다. 이 사절단에 유신3걸의 나머지 1인인 사이고 다카모리가 빠져있는 것은 다소 의외라 생각됩니다. 아마도 그는

페리 제독의 흑선을 묘사한 일본 그림. 흑선에 대한 공포심이 잘 나타나 있습니다.

집에 남아서 유신이라는 소를 키우느라 안 갔을 것입니다. 약 2년간 경쟁자들이 부재한 그 기간 중 천황 옆에서 실권을 장악한 그였습니다.

아시아, 절교다

후쿠자와 유키치 福澤諭吉

일본은 아시아에서 가장 먼저 근대화가 되었고 가장 먼저 선진국이 된 국가입니다.

아시아에서도 변방에 있었던 일본은 19세기 중반, 서양의 문물을 적극적으로 받아들이는 것을 넘어 그들의 제도를 모방하기 시작했습니다. 그리고 당연하다는 듯이 아시아 국가들을 침략하는 서양의 모습까지 따라하게 됩니다. 이런 일본의 변화를 주도하는 동시에 정신적으로 정당화시키기도 했던 사상가가 있습니다. 얼마 전까지만 해도 일본의 1만 엔권 지폐에 들어가 있던 후쿠자와 유키치입니다.

변방에서 열강으로

통상 사가들은 메이지 유신이 일어난 1868년을 일본 근대화의 시작점으로 보고 있습니다. 그때부터 일본이 우리나라를 비롯한 아시아의 다른 국가들을 한 수 아래로 보고 침략과 약탈의 만행을 저지르기 시작한 것입니다. 그런 우월감과 자신감은 당시 아시아의 대국인 중국의 청나라와 1894년 벌인 전쟁에서 승리하고 그로부터 정확히 10년 후인 1904년 유럽의 대국인 러시아에게도 승리하며 절정에 달합니다. 전쟁의 이름은 청일과 러일이지만 둘 다 조선을 놓고 우리나라 한반도에서 일어난 남남끼리의 전쟁이었습니다.

그렇게 일본은 19세기 말과 20세기 초를 연이은 승전보로 장식하며 대망의 20세기를 축제 무드로 시작합니다. 이제 그들의 눈에 아시아의 국가들은 보이지 않았습니다. 미국, 영국, 프랑스, 독일, 이탈리아, 그리고 이후 혁명으로 새로 일어난 소련 정도가 그들의 경쟁국으로 보여졌습니다. 국제 사회에서 서세동점西勢東漸으로 서양의 제물로만 여겨졌던 동양의 동쪽 끝, 거기에서도 바다 건너 섬나

1900년 의화단 진압을 위해 모인 8개 연합국 군대들. 왼쪽부터 이탈리아, 미국, 프랑스, 오스트리아-헝가리, 일본, 독일, 러시아, 영국

라인 일본이 구미 열강들과 동등한 테이블에 앉는 국가가 된 것입니다. 사실 러시아를 제외하고 그 자리에 캐나다만 들어가면 그로부터 100여 년 후인 지금 선진국의 대표 격이라 불리는 G7과 거의 같은 멤버라 하겠습니다. 그때나 지금이나 세계 탑 선진국의 리스트는 별반 차이가 없다는 것입니다.

▶ 일본의 탈아론을 주장한 후쿠자와 유키치(1835~1901)

문명의 전환

이렇게 일본이 서구 강국들과 어깨를 나란히 해야 한다는 목표를 제시했던 사람이 후쿠자와 유키치福澤諭吉라는 사람입니다. 일본의 계몽 사상가로 사학 명문 게이오 대학을 설립한 교육가이기도 한 그는 1885년 그가 창간한 《지지신보》에 〈탈아론脫亞論〉이라는 사설을 게재합니다.

요약하면 서구 열강의 침입으로 아시아에서 중국이나 조선은 어차피 독립을 유지할 방법이 없어 국토가 분열될 것이니 일본은 아시

정한론을 계획하는 사이고 다카모리 일파 | 요슈 지카노부 | 1877

아에서 벗어나 문명대국인 서구 국가와 어깨를 나란히 해야 한다는 것입니다. 조선이나 중국의 개화를 기다려 함께 가기엔 여유가 없

다면서 말입니다. 그러니 그들을 이웃나라라고 특별히 대우하지 말고 서구 국가들이 대하듯 일본도 그렇게 대하자는 것입니다. 그리고 조선과 중국을 가리켜 동방의 나쁜 친구惡友들이니 이제 그들을 사절하자며 그의 탈아론은 끝을 맺습니다.

한마디로 일본은 이제 아시아의 일원에서 벗어나 서구 문명국가의 일원으로 가야 한다고 주장한 것입니다. 그리고 이웃이었던 아시아의 인접 국가들은 어차피 서구 열강의 먹이가 될 터이니 남이 먹기 전에 일본이 먼저 먹어야 한다는 것입니다. 그의 주장대로 이후의 역사는 실제 그렇게 진행되었습니다. 탈아론을 주장하기 1년 전인 1884년까지는 김옥균을 비롯한 조선의 개화파가 벌인 갑신정변의 조력자였던 그였습니다. 하지만 정변이 실패하고 조선이 다시 청나라로 기울자 더 이상 함께 가기 힘들다고도 단정해서 내린 선언입니다. 그렇다고 갑신정변이 성공했다 해서 일본의 대조선 정책이 바뀌지는 않았을 것입니다. 성공했다면 일단 만주국 같은 일본의 괴뢰국가를 한반도에 세웠을 것입니다.
분명한 것은 후쿠자와 유키치의 탈아론 전까지는 조선을 침략한다는 정한론征韓論이 힘을 얻지는 못했습니다. 일본 보수 우익의 시조이자 메이지 유신의 스승인 요시다 쇼인이 1850년대 이론적으로 정한론을 정립했습니다. 현실 정치에선 유신3걸 중 한 명인 사이고 다카모리가 1873년 조선을 치자고 강력하게 주장했습니다. 당시 그는 메이지 유신으로 인해 실직한 사무라이侍의 일자리 마련을 위해서도 조선 침략을 주장했습니다. 그 300여 년 전 일본을 통일한 도요토미 히데요시와 비슷한 생각을 한 것입니다. 하지만 다른 유신3걸인 오쿠보 도시미치와 기도 다카요시 등의 반대에 의해 정한론은 꺾였습니다.

이와쿠라 사절단의 일원으로 구미 선진국을 견학하고 온 그들이 유신 상황에서 지금은 내치에 전념해야 할 때라는 주장을 편 것이 더 힘을 얻은 것입니다. 일본은 사이고 다카모리의 조선정벌 불발로 실각 후 실권을 잡은 오쿠보 도시미치의 주도하에 1874년 대만을 정벌하고, 1875년 운요호로 조선의 강화도를 공격해 강화도 조약을 체결함으로써 정한론의 서막을 열기는 했습니다. 하지만 그것은 조선 침략의 전초 단계이지 사이고 다카모리가 주장한 것과 같은 전면 전쟁은 아니었습니다. 사이고 다카모리의 묵은 정한론이 12년 후 후쿠자와 유키치에 의해 아시아를 벗어나자는, 더 확대된 탈아론으로 진화되어 살아난 것입니다.

내려놓을 결심

도쿠가와 요시노부 德川慶喜

메이지 유신은 꽤 짧게 요약될 수 있습니다. “사무라이들이 갖고 있던 정권을 ‘본래 주인’인 천황에게 1867년 돌려준 것”입니다. 그런데 이 과정은 생각보다 간단히 성사되었습니다.

다시 대권을 천황에게

그전까지 일본은 도쿠가와 이에야스가 정권을 잡은 후 새로 에도江戸

요코하마에 상륙한 페리 제독의 미군

(오늘날의 도쿄)에 터를 잡은 막부幕府(바쿠후)의 지도자 쇼군将軍이 최고 실력자였습니다. 막부는 야전 지휘관의 장막을 뜻하지만 일본에서는 정치적 권력까지 가진 쇼군의 정부를 칭합니다.

당시 천황은 일본의 옛 수도인 교토에 거주하며 상징성만을 가지고 있었습니다. 요즘 도쿄에 거주하는 일본의 천황처럼 말입니다. 그렇게 칼 찬 무사들이 도쿠가와 이에야스 이후 일본을 지배해오고 있었습니다. 그 사이 세상은 변해 칼이 아닌 신식 총과 대포로 무장한 서구 열강들이 일본 앞바다에 출현해 문을 열라고 압박하기 시작했습니다. 특히 1853년 에도 앞바다에 신흥 강대국으로 부상한 미국의 페리 제독이 이끄는 흑선 함대의 출현은 그들을 꽤나 놀라게 했습니다.

새로운 시대에 새로운 인재들이 출현하기 시작했습니다. 흑선 함대의 출현을 이전과는 다른 국가적인 위기라고 본 선각자들입니다. 그들은 사무라이의 캡틴인 쇼군이 지배하는 정치체제로는 격변의 시대를 감당할 수 없다 보고 존왕양이尊王攘夷라는 기치하에 무사계급이 차지한 정권을 천황에게 다시 돌려주자는 대정봉환大政奉還을 추진합니다. 존왕양이란 왕인 천황을 옹립해서 오랑캐인 서양의 외세를 물리친다는 것입니다.

이것은 조선의 대원군이 실시한 쇄국정책과는 다른 것입니다. 절대 권력자인 중앙 막부의 쇼군에서 그 쇼군에게 충성을 맹세한 지방 행정 구역인 번藩의 영주인 다이묘大名로, 그리고 그 다이묘에게 충성을 바치는 상급무사와 그 아래 하급무사로 연결된 봉건주의 시스템으로는 개혁이 불가능하다고 보고 천황 중심의 강력한 왕정으로 가자는 것입니다. 그래야 외세와 맞서 싸우고 물리칠 수 있다고 본 것입니다.
그런데 이것이 위에서 '간단히'란 표현을 썼듯이 생각보다는 쉽게 성공하였습니다. 고려말 마지막 왕인 공양왕이 조선의 첫 왕 이성계에게 마지못해 선양禪讓의 형식으로 곱게 정권을 넘기듯 마지막 쇼군인, 아니 마지막 쇼군이 되어버린 도쿠가와 요시노부福澤諭吉가 큰 정권을 돌려주는 대정봉환에 순순히 응한 것입니다. 264년 전인

1603년 그의 선조인 도쿠가와 이에야스가 두견새가 울 때까지 집요하게 기다리며 전설의 오다 노부나가, 도요토미 히데요시를 물리치고 장구한 인내 끝에 쟁취한 권력을 그렇게 허망하다면 허망하게 내려놓은 것입니다.

포기하는 것에도 용기가 필요하다

그렇다고 막부와 존왕양이파 간 충돌이 전혀 없었던 것은 아닙니다. 대정봉환 과정에서 중앙 막부의 사무라이들과 혼슈 끝 조슈長州번의 영웅 다카스기 신사쿠가 창설한 민간 기병대 간 2차에 걸친 전쟁인 조슈정벌長州征討이 있었고, 대정봉환이 이루어지고 나서도 도쿠가와 가문에 끝까지 충성을 맹서한 막부군과 반막부군 간에 일어난 보신전쟁戊辰戰爭이 있었습니다. 막부 잔존 세력들은 북쪽 바다 건너 홋카이도까지 밀려나 야경이 아름다운 항구 하코다테에 1869년 에조 공화국이란 일본 최초이자 마지막인 5개월짜리 공화국을 건립하기도 했습니다. 하지만 그것들은 메이지 유신이라는 역사적 사건의 크기에 비해선 미미한 충돌이었습니다.

저로선 메이지 유신에서 이 점이 가장 놀랍습니다. 쇼군은 전국의 정권과 군권을 쥔 총사령관이니 죽기 살기로 반대파를 제외한 전국

마지막 쇼군, 도쿠가와 요시노부(1837~1913)

모든 번들의 다이묘와 그들 휘하 군사들을 소집해 끝까지 존왕양이파와 전면적으로 집요하게 붙을 수도 있었는데 그렇게 하지 않은 것입니다. 과거 전국시대 말 천하 패권을 놓고 일본의 모든 다이묘들이 둘로 갈라서서 일전을 벌인 그의 선조 도쿠가와 이에야스의 동군이 도요토미 히데요시의 아들 히데요리를 놓고 서군 간에 벌인 1600년 세키가하라 전투처럼 말입니다. 우리가 과거 역사에서 숱하게 보았고, 오늘날에도 보듯 정권을 내려놓는다는 것이 그렇게 간단한 일이 아니기에 그렇습니다.

1867년 30세의 젊은 쇼군 도쿠가와 요시노부는 대세로 부상한 존왕양이론자들의 설득과 권유로 대정봉환에 응했습니다. 교토에서 소환한 17세의 어린 메이지 천황에게 정권을 넘긴 것입니다. 이로써 1603년 세워진 일본 세 번째 막부 정권인 도쿠가와 막부가 끝남과 동시에, 1192년 가마쿠라 막부로부터 시작되어 700여 년을 이어온 일본의 막부 체제는 열도에서 사라졌습니다. 새로운 일본이 시작된 것입니다.

여기엔 국가의 위기 앞에서 소탐대실 않겠다는 실리를 앞세운 냉정한 일본의 국민성도 한몫 했을 것이라 생각됩니다. 물론 시대적 상황이 그렇게 흘러가 쇼군이 마지못해 내려놓았다는 것이 더 정확한

메이지 유신으로 신식 군주가 된 메이지 천황(1852~1912)

표현이긴 할 것입니다. 거기엔 그 쇼군의 판단 미스도 있었습니다. 그는 그래도 새로운 시대 천황 체제하에서 2인자로 자리를 지킬 줄 알았으니까요. 그래도 대정봉환 직전 교토의 니조성에서 마지막 쇼군인 그가 당시 그곳에 모인 40여 개 번의 중신들을 불러 모아놓고 격렬한 토론 끝에 대정봉환을 결정한 모습은 매우 인상적이라 하겠습니다. 오죽하면 일전을 준비 중이던 삿초동맹의 반막부파들이 쇼군의 대정봉환 결정을 의심하며 허탈해할 정도였으니까요.

마지막 쇼군 도쿠가와 요시노부는 20세기 초 사면되어 공작 작위

교토 니조성에서 결의한 대정봉환 상상도 | 무라타 단료

를 받고 유유자적 즐기며 당시로는 천수인 76세까지 살다 죽었습니다. 그를 타도한 메이지 유신의 주역들이 20세기 전에 모두 요절한 것과는 대조적이라 하겠습니다.

더 라스트 사무라이즈

유신3걸 西鄕隆盛, 大久保利通, 木戶孝允

264년간 사무라이 정권을 이어오던 도쿠가와 막부를 몰아내고 유신은 멋지게 성공했습니다. 일본은 이제 근대화의 새 길로 접어든 것입니다. 그런데 삿초동맹 당시 사쓰마薩摩번의 주축이었던 유신의 1등 공신 사이고 다카모리西鄕隆盛와 오쿠보 도시미치大久保利通 간에 균열이 생기고 둘 간엔 돌아올 수 없는 강까지 건너게 됩니다. 1877년 발발한 근대 일본의 마지막 내전인 세이난전쟁이 바로 그것입니다.

친구에서 적으로

유신 초기 사이고 다카모리는 정치와 군사를 모두 장악한 실력자였습니다. 그는 조선을 치자는 정한론이 고향 친구이자 혁명의 동지인 오쿠보 도시미치와 조슈번 출신인 기도 다카요시 등의 반대에 의해 좌절되자 고향인 사쓰마번으로 낙향해서 사학을 운영했습니다. 실세 둘이 합세해 반대하니 당해낼 수가 없었나 봅니다. 대중들에게 인기가 높은 그였기에 그의 지역 기반인 사쓰마번에 연 그의 학교는 매우 번성하였습니다. 아, 메이지 유신기이니 그 번의 이름은 가고시마현으로 바뀌었을 것입니다.

정한론으로 실각한 유신 초기 실력자 사이고 다카모리(1828~1877)

그런데 그를 따르던 하급무사 집단인 사족들이 유신 후 사무라이의 특권을 잃게 되자 반정부 거병을 한 것입니다. 유신 정부의 실권자 오쿠보 도시미치의 폐도령廃刀令(하이토레이)에 의해 사무라이들의 칼 휴대가 금지되고, 녹봉 지급도 중지된 데다가 그들의 본거지인 가고시마의 무기들을 정부군이 반출해가니 이에 분노한 그들이 사이고 다카모리를 주군으로 앞세워 죽기 살기로 전쟁을 일으킨 것입니다. 과거 막부 때부터 골칫거리였던 열도 서남권에서 일어난 세이난전쟁西南戦争의 발발입니다. 그러나 그사이 신식무기로 무장한 정부군을 사족들이 감당하기엔 힘이 부쳤습니다. 사이고 다카모리는 전쟁의 패색이 짙어지자 라스트 사무라이답게 할복으로 생을 마감했습니다. 메이지 유신의 마지막 후유증이 사라진 것입니다. 세이난전쟁은 톰 크루즈가 주연으로 출연한 할리우드 영화 〈라스트 사무라이The Last Samurai〉의 배경으로도 우리에게 알려져 있습니다.

남은 유신3걸 중 2인인 오쿠보 도시미치와 기도 다카요시木戸孝允에게도 갈등이 생깁니다. 이와쿠라 사절단의 일원으로 함께 서구를 견학했던 이들은 사이고 다카모리를 몰아낸 정한론에는 함께 반대했지만 개혁 방향에선 이견이 있었습니다. 요시다 쇼인의 제자였던 기도 다카요시는 다분히 이상적인 개혁가인 데 반하여 오쿠보 도시미치는 행정력을 갖춘 실무형 개혁가라서 그랬습니다. 출신지도

유신 1기의 총 지휘자 오쿠보 도시미치(1830~1878)

이상적인 개혁가 기도 다카요시(1833~1877)

조슈번과 사쓰마번으로 나뉜 이 둘은 매번 라이벌 관계로 맞섰습니다. 사이고 다카모리가 빠진 상태에서 유신의 주도권 싸움을 했을 것입니다. 하지만 둘 간의 갈등이 있었음에도 이러한 그들의 성향이 유신 초기의 정책 수립과 집행엔 이익이 되었다는 견해가 우세합니다. 상호 견제로 이상과 실제가 조화된 개혁으로 평가되었기 때문입니다.

이제 그 둘은 결정적으로 대만정벌에 이견을 보여 갈라서게 됩니다. 결국 오쿠보 도시미치의 뜻대로 일본은 1874년 대만정벌을 강행했습니다. 그리고 그의 지휘 아래 운요호 공격을 빌미로 조선 침

정한론 논쟁을 묘사한 그림. 오른쪽은 찬성 측의 사이고 다카모리 일파, 왼쪽은 오쿠보 도시미치 등의 반대파입니다. 오른쪽 선두의 인물이 사이고 다카모리, 왼쪽에 등을 보이고 앉아 있는 이가 오쿠보 도시미치 | 스즈키 도시모토 | 1877

략의 시작인 강화도 조약도 1876년 체결했습니다. 조선에겐 불평등 조약으로 20여 년 전에도 앞바다에 뜬 미국의 흑선이 일본 막부를 상대로 한 압박과 같은 매뉴얼대로 조선에게 한 것입니다. 가히 냉철한 행정가 오쿠보 도시미치의 시대였습니다. 하지만 결별 후 다시 만나게 된 그 둘은 한때 유신의 한솥밥을 먹었던 동료인 사이고 다카모리가 일으킨 세이난전쟁 진압엔 함께 앞장을 섰습니다.

기도 다카요시는 1877년 그 전쟁 중 병으로 사망했고 오쿠보 도시미치는 진압 1년 후 1878년 가고시마현의 사족에게 암살을 당해 죽습니다. 세이난전쟁에서 할복 자결한 사이고 다카모리의 복수를

일본 최후의 내전 세이난전쟁(1877) 기록화 | 에이타쿠 센사이 | 1877

그의 추종자가 한 것입니다. 이렇게 유신3걸이라 불리며 일본 근대화를 연 주축 3인방은 1년 사이로 모두 죽고 유신 2세대 정치인의 시대가 시작됩니다. 그 주도 세력은 사쓰마번 출신인 오쿠보 도

시미치의 죽음으로 삿초동맹의 또 한 축인 조슈번 출신의 인물들로 채워집니다. 오쿠보 도시미치를 승계한 이토 히로부미의 시대가 시작된 것입니다.

혁명보다 어려운 것은 협업

사카모토 료마 坂本竜馬

변화의 시대엔 그 물결을 먼저 타는 인물들이 출현합니다. 반면에 평화 시기엔 영웅호걸이 등장하기 힘들지요. 우리가 그나마 알고 있는 일본 역사 속 인물들은 전국시대 3인방이 활약했던 그 시기의 인물들과 그때 세워진 도쿠가와 막부를 붕괴시킨 메이지 유신 전후의 인물들일 것입니다.

▶ 메이지 유신의 1등 공신으로 평가받는 사카모토 료마(1835~1867)

일본인이 가장 좋아하는 인물

메이지 유신을 주도한 사람들, 그들도 사무라이였습니다. 구체제 하에서 살았으니 그럴 수밖에 없었을 것입니다. 그래서 이 선각자 그룹을 마지막 사무라이라고 부릅니다. 이들 중 대다수는 개혁과 혁명의 뜻을 품은 하급무사들이었습니다. 앞에서 등장한 유신3걸을 비롯해 당시 혜성처럼 나타난 많은 인물들이 있었지만 그보다 앞서 유신의 불을 점화하고 일본 전역을 돌며 들불처럼 퍼져 나가게 한 이는 사카모토 료마坂本竜馬라는 이상가이자 실천가입니다.

사카모토 료마, 그는 21세기를 시작하는 2000년 말 아사히 신문의 여론조사에서 일본인이 가장 좋아하는 천년의 역사 인물 중 1위로 뽑힌 예상 밖의 인물입니다. 그때 그의 밑으로는 전국시대 영웅인 2위 도쿠가와 이에야스, 3위 오다 노부나가가 응답되었습니다. 계몽가인 후쿠자와 유키치는 7위였고 우리의 안중근 의사에게 저격당한 이토 히로부미도 9위에 랭크되었습니다. 이렇듯 이런 쟁쟁한 인물들을 제치고 우리에겐 덜 알려진 그가 1위로 뽑힌 것은 다소 의외라 하겠습니다. 일본인들은 오늘날 일본을 있게 한 결정적 분기점인 메이지 유신을 있게 한 그를 단연코 1등이라 생각하나 봅니다. 소프트뱅크의 손정의 회장도 그의 방에 초상화를 걸어둘 정도로 가장 존경한다고 밝힌 인물입니다.

사카모토 료마는 일본의 비주류 지역인 시코쿠의 도사土佐번 출신으로 그의 고향은 오늘날 고치현에 해당됩니다. 그는 청운의 꿈을 품고 에도 유학 중 앞바다에 떠있던 미국의 흑선 함대를 보게 됩니다. 그는 그것을 보고 놀랐던 많은 일본인들 중 가장 예지력과 실행력이 뛰어난 사람이었습니다. 그의 흑선 목격은 일본이 구미 선진국과 같은 미래로 가기 위해서는 막부를 반드시 무너뜨려야 된다는 당위성을 더욱 강하게 만든 사건으로 그때부터 그는 왕정복고를 위한 대정봉환을 위해 목숨을 바칩니다. 그것의 평화적 해법으로 그는 각 지방 번의 실력자 다이묘들을 찾아다니며 막부정권 종식의 필요성을 집요하게 설득했습니다.

이러한 노력 끝에 그는 불가능할 것만 같았던 조슈번과 사쓰마번을 뭉치게 한 삿초동맹薩長同盟을 성사시킵니다. 조슈번은 오늘날 혼슈 끝 야마구치현, 사쓰마번은 그 아래 규슈 끝 가고시마현의 옛 지명입니다. 이 두 번은 중앙 막부와도 각을 세웠지만 그 이전 조슈번은 1863년과 1864년 서구 연합국과의 시모노세키전쟁下関戦争에서, 사쓰마번은 1863년 영국과의 사쓰에이전쟁薩英戦争에서 신문명과 신무기의 뜨거운 맛을 경험해 누구보다도 개화의 필요성을 절실하게 느끼고 있던 지역이었습니다. 조슈번과 사쓰마번은 이렇게 중앙 막부와는 별개로 외세와 전쟁까지 치를 정도로 강성 지역이었는데 이 두 지역은 그 이전부터 막부와 사이가 안 좋았습니다. 이 책의 '복수는 우리의 것(세키가하라 전투)' 글에서도 그 이유를 다루지만 '유신의 아버지와 제자들(요시다 쇼인)'에서는 특히 강성인 조슈번에 대해 설명이 이어집니다.

두 번 사이의 틈을 사카모토 료마가 비집고 들어간 것입니다. 그래도 강 대 강의 동맹이라 쉽지 않았으나 설득의 달인인 사카모토 료마의 중재로 조슈번과 사쓰마번은 역사적인 삿초동맹을 맺게 됩니

기병대를 창설하여 조슈정벌을 승리로 이끈 다카스기 신사쿠(1839~1867)

다. 이 사건이 역사적이라 하는 것은 삿초동맹으로 인해 대정봉환의 길이 활짝 열렸기 때문입니다. 그만큼 그 둘의 연합은 중앙 막부가 긴장할 만큼 위협적이었습니다. 이미 이전에 중앙 막부의 조슈정벌(1864, 1866)에서 조슈의 영웅 다카스기 신사쿠高杉晋作가 창설한 민병대에게 패해 신세를 구긴 막부였습니다.

적에게 쫓기는 다카스기 신사쿠를 그린 판화 | 도시카타 | 1890

다카스기 신사쿠의 민병대는 철저한 신분제하에 사무라이들로만 구성된 기존 막부의 군대와 달랐습니다. 막부 체제하에선 무사 계급만 군인이 될 수 있었지만 그의 군대는 이런 계급과 신분을 가리지 않았습니다. 그 이전인 전국시대 세키가하라 전투에서 군인이 될 수 없던 일반 농민들은 도시락을 싸들고 가 전투를 구경했다고 합니다. 도시락을 까먹으며 '동군 이겨라', '서군 이겨라' 하며 응원했을 것입니다. 하지만 다카스기 신사쿠의 군대는 일반 하급 사무라이들과 자원한 농민, 상인 등의 하층민들을 섞어 평등하게 구성된, 그래서 기이한 군대를 뜻하는 기병대奇兵隊(기헤이타이)라 불린 당시로선 일본에서 가장 앞선 신식 군대였습니다. 사쓰마번은 이들이 조슈정벌에서 막부에게 승리한 결과를 보고 조슈번과 손을 잡은 것이기도 했습니다. 이렇게 다카스기 신사쿠의 사전 정지 작업과 사카모토 료마의 본 작업으로 역사적인 삿초동맹은 성사되었습니다. 대세가 넘어가는 순간이었습니다.

설득의 달인

이러한 삿초동맹의 한 축인 사쓰마번엔 유신3걸인 사이고 다카모리와 오쿠보 도시미치란 걸출한 인물이 있었습니다. 그리고 또 한 축인 조슈번엔 또 한 명의 유신3걸인 기도 다카요시와 조슈정벌의 승리를 이끌어낸 다카스기 신사쿠가 있었습니다. 유신3걸은 나중엔 조선정벌과 대만정벌에 대한 이견으로 분열되고 세이난전쟁까지 치르지만 메이지 유신 초기에 국정을 이끌고 근대화 정책의 기

교토의 여관 데라다야. 유신지사의 아지트 격인 장소로 사카모토 료마의 암살미수사건이 일어난 곳이기도 합니다.

틀을 세우는 데에 중추적인 역할을 하였습니다. 다카스기 신사쿠는 폐결핵으로 유신 1년 전 대정봉환을 목전에 두고 28세의 젊은 나이에 요절했습니다. 요시다 쇼인의 수제자였던 그가 좀 더 살았다면 유신4걸이라 불렸을 인물입니다.

이렇게 지역도 다르고 개성도 강한 인물들의 연합을 사카모토 료마가 이끌어낸 것입니다. 삿초동맹 이후에도 그는 여러 다이묘들을 찾아다니며 대정봉환을 향한 치밀한 작업과 일본의 근대화를 위한 정책 수립에 골몰했습니다. 도쿄로 가는 배 위에서 만들어졌다고 해서 선중팔책船中八策(센추핫사쿠)이란 불린 그의 구상엔 대정봉환을 비롯해 근대적인 일본 해군의 창설, 양원제 의회제도 등 8가지 일본 근대화를 위한 정책들이 들어가 있었습니다. 마지막 쇼군 도쿠가와 요시노부가 꼼짝 못 하고 무혈로 정권을 넘기게 하게끔 작업을 이어간 것입니다. 1867년 교토의 니조二条성에서 대정봉환을 굳힌 쇼군의 마지막 회의에서 그것을 결정적으로 종용한 인물도 사카모토 료마의 고향인 도사번 출신의 중신이었습니다. 그는 사카모토 료마의 조언대로 했을 뿐이었습니다. 이렇듯 그가 없었다면 일본이 양분되어 도쿠가와 막부파와 존왕양이파 간 대규모 유혈 전면전이 벌어졌을지도 모를 사건이 무혈로 마무리되었습니다. 그렇다고 피를 한 방울도 안 흘렸다는 것은 아니겠지요.

결국 하늘은 스스로 돕는 자를 돕는다고 대정봉환을 위해 처음부터 계획대로 차곡히 밟아 간 사카모토 료마의 작전은 성공하였습니다. 1867년 10월 그를 비롯한 존왕양이파가 열망하던 대정봉환이 결정된 것입니다. 대세에 밀린 마지막 쇼군인 도쿠가와 요시노부는 천황에게 쇼군 사직서를 제출했습니다. 그리고 이어서 교토에 머물던 메이지 천황이 에도로 입성해 이듬해인 1868년 4월 완전한 왕정복고가 이루어졌습니다. 메이지 유신이 시작된 것입니다. 그러나 사카모토 료마는 역사의 수레바퀴가 긴박하게 돌아가던 1867년 11월 자객에게 암살되어 유신의 시작은 못 보고 죽었습니다. 범인은 구체제를 지지하는 막부파이거나, 개혁파 내에서의 급진파로 추정되었지만 끝내 밝혀지지 않았습니다. 당시 그의 나이 32세였습니다.

유신의 아버지와 제자들

요시다 쇼인 吉田松陰

메이지 유신 후 승자들의 잔치가 벌어집니다. 무엇보다도 삿초동맹의 멤버였던 사쓰마번과 조슈번 출신의 인물들이 대거 출세합니다. 그리고 그 속에서 또 최후의 승자가 가려집니다. 이제 그들은 대륙을 탐하고 눈을 돌려 바다로까지 뻗어 나갑니다.

일본 총리들의 본관, 야마구치

오늘날 야마구치현山口県은 조슈번을 승계한 지역이라 했습니다. 현県은 우리의 도에 해당하는 행정명으로 일본엔 지금 43개의 현이 있습니다. 막부 체제 하에 있었던 크고 작은 많은 번들이 현재의 현으로 메이지 유신기인 1871년 재편된 것입니다. 오쿠보 도시미치와 기도 다카요시가 주도한 이른바 폐번치현廃藩置県(하이한지켄)으로 대대로 지방 토호인 번주인 다이묘가 지배했던 번은 폐지되고 중앙 정부가 파견한 공무원이 지배하는 현이 설치된 것입니다. 그 이전인 1869년엔 폐번치현의 선제 작업으로 각 번의 다이묘들이 가지고 있던 영지와 영민을 천황에게 귀속시키는 판적봉환版籍奉還(한세키호칸)이 실시되었습니다. 중앙 집권을 강화하기 위해 지방 영주의 힘을 빼낸 것입니다. 그렇게 막부 시기의 번은 모두 새로운 현으로 바뀌었습니다.

그중 조슈번이었던 야마구치현, 이 지역이 참으로 특이합니다. 도쿄나 교토, 오사카에서 떨어진 혼슈 끝 지역인데 이 끄트머리 땅에서 일본을 통치하는 만인지상인 총리가 무려 9명이나 나왔기 때문입니다. 바로 전 총리인 기시다 후미오는 101대 총리인데 역대 모든 총리들 중 21대가 이곳 출신이었습니다. 총리 점유율 21퍼센트

세키가하라 전투를 묘사한 그림

로 다른 지역보다 압도적으로 높은 기록입니다. 일본 초대 총리인 이토 히로부미도 역시 조슈번 출신인데 그는 4대에 걸쳐 총리직을 수행했습니다. 만약 그가 우리의 안중근 의사에게 살해당하지 않았으면 몇 대를 더 했을지도 모릅니다. 최근 불시에 살해당한 아베 신조 전 총리의 본적지와 지역구도 이곳이며 그의 외조부인 기시 노부스케 총리도 이곳 출신입니다. 물론 삿초동맹의 파트너인 더 아래 규슈의 최남단 사쓰마번이었던 가고시마현 출신들도 야마구치현만큼은 아니더라도 메이지 유신 초창기 정부에서 주요 요직을 차지하였습니다. 언급했듯이 유신 1기 정부를 장악했던 사이고 다카모리와 오쿠보 도시미치는 그곳 출신이니까요.

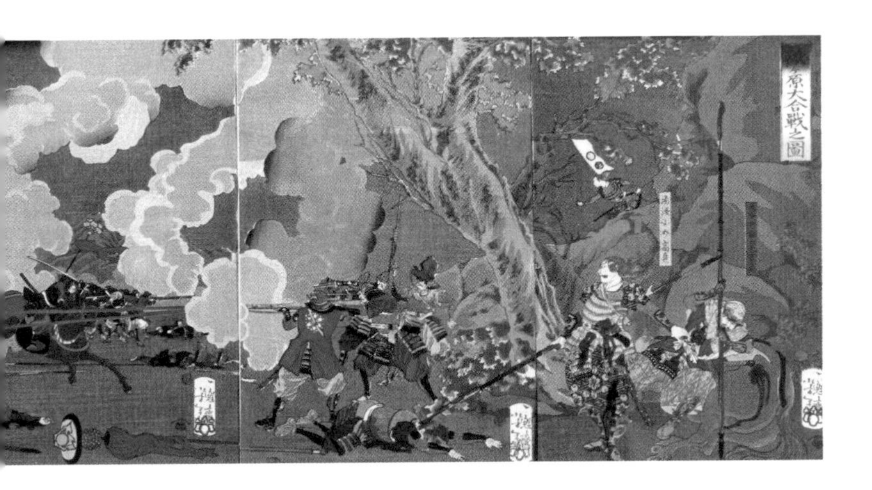

이유가 있습니다. 역사적으로 조슈번은 일본을 통일한 도요토미 히데요시 사후 천하의 모든 다이묘들이 그의 아들인 히데요리와 도쿠가와 이에야스로 양분되어 벌인 1600년 세키가하라 전투에서 히데요리 편 서군 대장인 모리 데루모토가 패전해 밀려나 거주한 번입니다. 그 전투에선 바로 전 임진왜란 시 도요토미 히데요시의 부하로 같은 편이었던 다이묘들이 파가 나뉘어 서로 적으로 맞섰습니다. 우리에게도 알려진 임진왜란의 좌우 쌍포인 고니시 유키나가와 가토 기요마사도 서로 적으로 칼끝을 겨누었으니까요. 이렇게 어느 한 편으로 줄을 서야만 했던 시절이었습니다.

서군인 모리 데루모토의 주군 히데요리는 이 전투의 패배로 대세가 넘어간 이후 벌어진 최후의 일전 오사카 전투(1614~1615)에서 패해 자결함으로써 도요토미 가문은 일본의 역사에서 완전히 사라졌습니다. 그런데 모리 데루모토는 천운으로 목숨을 건졌습니다. 사실 그는 서군 대장이었지만 바지 사장 성격이었고 실질적인 도쿠가와 이에야스의 적수는 그 아래 이시다 미쓰나리였기 때문이었습니다. 대신 모리 가문은 영지와 녹봉이 대폭 축소되어 그곳으로 쫓겨간 것입니다. 그런 연유로 조슈번은 대대로 중앙 막부와 사이가 좋지 않았고 차별로 인해 반골이 많을 수밖에 없는 곳이 되었습니다. 조슈번의 인재들이 도쿠가와 가문의 막부를 무너뜨리는 데에 1등으로 나선 이유이기도 합니다. 264년에 걸친 와신상담의 결과입니다.

와신상담의 하기성

조슈번에서 모리 데루모토가 자리 잡은 곳은 하기萩라는 작은 마을입니다. 지금도 인구가 4만여 명밖에 안 되니 여전히 작은 도시입니다. 모리 가문은 그때부터 하기에서 터를 잡고 막부의 허락하에 작은 성을 짓고 그곳에서 굴욕적으로 살았습니다. 당시 쇼군은 휘하 번들의 다이묘가 사는 성들을 모두 통제하고 있었습니다. 축성 시 성의 구조와 크기 등 모든 건축과 설계에 관여한 것입니다. 유사시 반란이 일어나도 그 성들을 모두 훤히 꿰뚫어 볼 수 있기 위함이

야마구치현 하기시 전경

하기시에 있는 모리 가문의 성터

었을 것입니다. 이 작은 마을에서 유신이 시작되었습니다. 메이지 유신의 태동지라 불리는 곳입니다.

2018년 저는 메이지 유신 150주년을 맞아 1년 내내 성대한 행사로 시끌벅적한 이 도시를 방문했습니다. 물론 지금은 무너진 모리 가문의 성터도 가보았습니다. 과거 조선인이라면 요즘은 부관페리라 부르는 부산에서 시모노세키까지의 관부연락선을 타고 현해탄을 건너 그곳에 갔을 것입니다. 하기는 야마구치현에서 가장 큰 도시인 시모노세키와 멀지 않은 곳에 위치해있으니까요. 하기시는 우리나라 도시 중 울산광역시와 직선거리로 가장 가깝다는 인연으로 1968년 자매결연을 맺은 도시이기도 합니다. 제가 방문했을 때 하기의 야외 공연장에서 우리나라 민속 공연의 모습이 보여 신기해서 가서 봤더니 울산에서 온 공연단이었습니다.

일제시대 일본은 도쿄에서 시모노세키를 거쳐 현해탄을 건너 부산에서 경성(서울)까지 60시간 만에 도달할 수 있었습니다. 그렇듯 야마구치현은 일본이 대륙으로 뻗어나가는 데에 있어서 가장 전초적인 최전방 지역이었습니다. 물론 과거에 대륙의 문물을 가장 먼저 받아들인 곳도 이곳이었을 것입니다. 그런 이곳, 조슈번이라 불렸던 야마구치현에서 정한론이 발생합니다. 정한론이 이곳에서 발생한 것이 일본 역사에 필연적일 수밖에 없다면 이런 지정학적 위치도 그 주요 요인이라 할 것입니다. 그런데 엄밀히 이야기하면 메이지 유신의 발상지는 야마구치현의 하기라는 마을이 아니라 이 마을에 있는 조그마한 학교입니다.

근대의 학교

쇼카손주쿠松下村塾라는 학교입니다. 말이 학교이지 우리로 치면 동네 서당과 같은 작은 사숙입니다. 그 사숙의 운영자가 이 글 앞에서 등장한 요시다 쇼인吉田松陰이라는 선구적 사상가입니다. 설명한 대로 그는 오늘날 일본 보수 우익의 시조로 추앙받으며 일본의 대망론인 정한론과 일본 근대화의 공통 과제였던 존왕양이론을 정립한 인물입니다. 또한 이러한 사상적 체계뿐만이 아니라 미국 문물을 직접 견학하고자 에도 앞바다에 떠있던 흑선에 몰래 잠입해 밀항을 기도하다 실패해 처벌을 받을 정도로 실행력도 있는 자였습니다.

메이지 유신의 산실인 요시다 쇼인의 사숙 쇼카손주쿠

존왕양이론과 정한론의 이론을 정립한 요시다 쇼인 (1830~1859)

무엇보다도 그가 한 일 중 가장 손꼽히는 일은 그의 쇼카손주쿠에서 양성한 제자들이었습니다. 불과 1년여에 걸친 교육이었지만 그 리스트를 보면 면면이 화려한 경력의 소유자들이었습니다. 대개 우리에겐 나쁜 사람들로 기억될 수밖에 없는 인물이기도 합니다.

- 막부군의 조슈정벌 당시 기병대를 창설해 격퇴한 수제자 다카스기 신사쿠
- 삿초동맹, 유신 3걸로 조슈를 대표한 기도 다카요시
- 한일합병 침략의 원흉, 조선 통감, 초대 총리 이토 히로부미
- 군국주의의 아버지, 조선 사령관, 총리 야마가타 아리토모
- 타이완 총독, 총리, 가쓰라-태프트 밀약의 대표 가쓰라 다로
- 조선 초대 총독 데라우치 마사타케
- 조선 2대 총독 하세가와 요시미치
- 명성황후 살해를 기획한 이노우에 가오루 조선 공사

보듯이 메이지 유신의 주요 공신들과 일본 근대화 시기의 주요 인물들이 요시다 쇼인의 교육으로 양성된 제자들이었습니다. 도쿠가와 막부에 구원이 있어 존왕양이에 앞장선 지역이라고는 하지만 이런 인물들이 일본의 43개 현의 하나인 야마구치현에 집중되고, 거기에서 하기라는 조그만 동네에 있는 쇼카손주쿠라는 조그만 학교의 한 스승 밑에서 수학했다는 사실이 놀랍습니다. 이름뿐이었던 허수아비 천황에게 실권을 돌려준 주축 세력이니 끼리끼리 해먹은 것일 수도 있겠으나 보직의 중요도로 볼 때 그런 큰일을 아무에게나 맡길 수는 없었을 것입니다.

요시다 쇼인은 1859년 예상보다 훨씬 젊은 나이인 29세에 사망했습니다. 막부 고위층의 암살 사건에 연루되어 투옥된 후 처형당한 것입니다. 조슈번의 제자들이 그의 스승을 죽인 막부에 분노한 것은 당연하다 할 것입니다. 직접 가서 보니 쇼카손주쿠는 정말 작은 학교였습니다. 학교 정원이 모두 다 출세를 해야 할 정도로 비좁은 공간이었습니다. 요시다 쇼인이 가르친 제자는 90명 남짓으로 알려져 있는데 아베 전 수상의 외고조부인 오시마 요시마사 육군 대장도 그의 제자였습니다. 오시마 요시마사는 1894년 동학혁명 시 고종이 거주하는 경복궁에 침입해 조선 정부를 친일 내각으로 바꾸어 청일전쟁을 유발한 자입니다. 그리고 그다음 해인 1895년 이노우에 가오루 공사의 기획하에 그 궁의 안주인인 조선의 국모 명성황후를 살해한 을미사변이 일어났습니다. 둘 다 쇼카손주쿠의 같은 스승 밑에서 수학한 제자들입니다.

아베 전 수상은 생전에 공개적으로 이런 요시다 쇼인을 가장 존경하는 인물로 손꼽았습니다. 그리고 그의 수제자인 기병대 대장 다카스기 신사쿠도 빼놓지 않고 언급했습니다. 그의 육신과 영혼의 뿌리인 조슈번이라 불렸던 야마구치현을 꽤나 사랑했던 아베였습니다.

쇼카손주쿠 내부에 전시된 요시다 쇼인과 주요 제자들

이렇게 조슈번의 하기 마을 쇼카손주쿠에서 요시다 쇼인이 제자들에게 가르친 대로 일본의 근대화는 이루어졌습니다. 그의 1세대 제자들이 그가 주입한 존왕양이론대로 도쿠가와 막부를 타도하여 메이지 유신이 성공했고, 그 힘으로 2세대 제자들은 그의 정한론에 따라 섬나라 열도에서 벗어나 조선과 중국, 궁극적으론 필리핀을 비롯한 동남아까지 정복을 하였으니 말입니다. 나쁜 힘이라 할 것입니다. 일본은 우리 민족에게 36년간 크나큰 아픔을 준 한일합병

〈미 함선의 도래〉 | 도슈 쇼게츠 | 1889

을 하고, 순서에 의거하여 대륙으로 눈을 돌려 만주사변을 유발해 1932년 만주국이라는 괴뢰국가를 세우고, 1937년 중일전쟁을 일으켜 남진을 하며 난징학살 등 몹쓸 짓을 이어갔습니다.

그리고 1885년 후쿠자와 유키치가 주장했던 탈아론대로 대동아공영권大東亞共榮圈이라는 명분하에 아시아의 대표(?)로 유럽 열강들이 2차 세계대전 중 동남아 식민지 국가들을 돌볼 여유가 없는 틈

을 타 그곳들을 차례로 점령하고, 2차 세계대전 추축국으로 참전해 1941년 태평양전쟁까지 일으켰습니다. 결국엔 그들이 만난 역대 최강인 미국까지 공격하면서 세계를 깜짝 놀라게 한 일본이 됩니다. 1941년 12월 아름다운 하와이의 진주만에 정박한 미국 태평양 함대를 선전포고 없이 선제 공습한 것입니다. 일본의 그 공격은 과거 그들의 선배 대로부터 대대로 쌓여오던 미국이라는 콤플렉스가 제거되는 순간이었을 것입니다. 그 90여 년 전에도 앞바다에 떠 있는 것만으로도 공포감을 느끼게 한 미국의 흑선 함대였었는데 그 미래의 함대를 박살낸 것입니다.

◀ 일본군의 진주만 공습으로 침몰하는 USS 애리조나 | 1941

TAKEOUT 2

패전이라는 선물

대양에서 전선으로

다시 만난 미국

푸른 눈의 쇼군

미제 민주주의

독도를 생각하며

대양에서 진선으로

해원대 海援隊

일본의 근대화에 해군의 전력은 필수였습니다. 일단 바다를 건너고 대양을 지나야 그들이 신봉했던 정한론과 탈아론을 실현할 수 있었으니까요. 당시 일본에서 해군 양성을 주장했던 선각자들 중 사카모토 료마와 그가 설립한 해원대를 중심으로 일본 해군과 근대화 과정을 알아봅니다. 그리고 그 주변의 인물에 대해서도 알아봅니다.

근대의 열린 문

규슈의 나가사키는 17세기부터 일본에서 서양으로 통하는 관문이라 불렸습니다. 1603년 도쿠가와 이에야스가 에도(도쿄)에 무사정권인 막부를 열면서 서양의 배들은 나가사키의 인공섬인 데지마를 통해서만이 일본에 들어올 수 있었기에 그렇습니다. 당시 막부는 그 항구의 사용권을 네덜란드와 독점으로 계약하여 서양의 문명과 물자는 네덜란드의 꼬리표를 달고 일본에 들어왔습니다. 그때 식자층에서 유행했던 서양의 학문이 난학이라 불리는 이유입니다. 그 시절 동양에 온 네덜란드인들은 과거 네덜란드가 독립국 지위를 얻기 전 거점 지역인 홀란드 출신이라고 본인들을 소개했는데 일본인들은 그 홀란드를 오란다라 불렀고 한자로는 화란和蘭으로 쓴 것에서 난학은 유래했습니다.

그렇게 서양을 대표하는 네덜란드인들이 오갔던 나가사키의 고지대에 올라 그 도시를 내려다보면 지리적으로 그곳이 외부 세계와 교류하는 데 유리한 천혜의 항구임을 한눈에 알 수 있습니다. 수심 깊은 바다가 도시 안까지 깊숙이 밀려 들어와 있으니까요. 이후 개화기 시절 그 언덕엔 많은 서양인들이 몰려와 서양식 집을 짓고 살았습니다. 구라바엔グラバー園이라 불리는 지역입니다.

군함이 가져다준 충격

일본의 개화기는 일본의 개항기와 맞물려 있습니다. 스스로 내부에서 자력으로 단기간에 근대적인 변화를 일으키긴 쉽지 않으니 외세의 힘이 작용할 수밖에 없던 시절이었습니다. 그 외세는 당연히 서양입니다. 그런 서양의 파고가 몰려왔던 19세기 중반 이후 일본에선 그 조짐을 먼저 깨달은 개화파 선각자들이 나타납니다. 그들은 일본이 서양과 대등한 근대 국가가 되기 위해선 우물 안에서 벗어나자고 외쳤는데 그 대표적인 인물이 요시다 쇼인과 후쿠자와 유키치였습니다. 1850년대 요시다 쇼인이 주창한 정한론征韓論이나 1880년대 후쿠자와 유키치가 기고한 탈아론脫亞論은 극동의 바다에 고립된 섬나라 일본이 대륙과 대양으로 진출해 아시아권에서 벗어나고 세계적인 국가가 되자는 것이었습니다. 그런 일본에게 군사력은 필수였으며 그중에서도 해군력은 가장 중요한 전력이었습니다. 바다를 건너야 대륙에 닿을 수 있고 대양을 지나야 아시아를 벗어날 수 있기에 그렇습니다.

일본의 선각자들이 그렇게 마음을 먹은 데에는 1853년 미국의 페리 제독이 몰고 온 흑선黑船 함대의 영향이 무엇보다도 컸을 것입니다. 당시 대포를 장착한 2천5백 톤의 거대한 증기 철선인 흑선

〈가나가와 해변의 높은 파도〉 | 호쿠사이 | 1825

의 모양과 위세는 보는 것만으로도 도쿠가와 막부를 꼼짝 못 하게 만들었습니다. 결국 두 차례에 걸쳐 에도 앞바다에 출몰한 그 흑선에 굴복한 막부는 1603년 에도에 막부를 연 후 정확히 250년간 굳건히 닫혀 있던 일본의 문을 활짝 열었습니다. 그 장구한 세월 동안 유일한 창구였던 나가사키의 조그만 인공섬 데지마에서 벗어나 일본 전역인 시모다, 가나가와, 하코다테, 니이가타, 효고, 나가사키 등의 메인 항구에 네덜란드만이 아닌 모든 서양 배들이 들어올 수 있게 된 것입니다. 1854년 미일화친조약과 이어진 1858년의 미일수호통상조약의 결과입니다.

일본 판화에 등장한 페리 제독의 초상 | 1853년경

일본의 개항은 도쿠가와 막부에겐 항복과도 같은 굴욕이었습니다. 실제로 미국의 페리 제독은 주저하는 막부의 쇼군에게 협박과도 같은 전쟁 압박을 가하기도 했으니까요. 결국 막부의 무능함에서 비롯된 이런 불평등한 개항은 개혁파들에게 존왕양이尊王攘夷의 명분을 주게 됩니다. 막부를 무너트리고 천황을 옹립하여 외세인 서양을 몰아내자는 운동이 시작된 것입니다. 그 운동의 선두에 위의 요시다 쇼인이 있었고 이후 거스를 수 없는 시대의 흐름에 따라 1867년 막부의 마지막 쇼군인 도쿠가와 요시노부는 그의 권력을 천황에게 돌려주는 대정봉환大政奉還을 결행하게 됩니다. 그리고 그 이듬해

교토에 있는 메이지 천황이 에도로 와서 메이지 유신이 시작되었습니다. 일본은 이렇게 미국의 흑선이 에도 앞바다에 뜬 지 15년 만에 완전히 다른 세상으로 바뀌었습니다. 아마도 당시 막부의 해군력이 미국의 흑선을 압도했다면 일본의 개항은 이루어지지 않았을 것입니다. 그렇다면 이후 메이지 유신도 모를 일입니다.

가쓰 가이슈와 사카모토 료마

1853년 요시다 쇼인과 사카모토 료마는 에도 앞바다에 떠있던 흑선을 유의 깊게 보았다고 했습니다. 그들 말고 한 사람이 더 있었는데 그는 에도 막부의 가신인 가쓰 가이슈勝安芳입니다. 물론 역사적으로 유의미한 인사들을 이릅니다. 가쓰 가이슈는 훗날 유신 개혁파들이 에도 막부의 지휘부를 향해 군사를 몰고 들어올 때 쇼군인 도쿠가와 요시노부와 반막부파의 수장인 사이고 다카모리의 사이에서 중재를 맡아 유혈충돌 없이 대정봉환을 성사시킨 인물입니다. 한마디로 막부파 내 메이지 유신의 일등공신입니다. 그는 에도 출신이므로 자연스레 그 흑선이 떠있는 것을 한동안 목격했을 것입니다. 그는 그 현장을 바라보며 해양방위 보고서를 작성했는데 이것이 이후 그의 진로를 바꾸게 하였습니다. 근대화로 가는 일본 해군의 최고위급 인사가 된 것입니다.

계속 언급되는 사카모토 료마는 메이지 유신의 결정적인 분수령이 된 사쓰마번(가고시마현)과 조슈번(야마구치현)이 손을 잡은 삿초동맹薩長同盟을 성사시킨 인물입니다. 그가 성사시킨 삿초동맹으로 인해 그 연합 세력에 위협을 느낀 쇼군 도쿠가와 요시노부가 권력을 내려놓는 계기가 되었으니까요. 시코쿠의 도사번(고치현) 출신인 그는 에도에 검술 유학 시절인 10대 후반 에도의 파견 경비대에서 복무를 하며 그 흑선을 목격했습니다. 사카모토 료마는 흑선을 바라보며 무슨 생각을 했을까요? 당연히 해군력의 중요성에 대해 생각을 했을 것입니다. 그리고 그는 실천에 옮기게 됩니다. 일본 최초의 근대 해군이라 불리는 해원대海援隊(가이엔타이)를 창설한 것입니다.

친구가 된 두 사람

도사번 시골의 하급 무사 출신인 사카모토 료마와 에도 막부 정부의 고위 관료 집안 출신인 가쓰 가이슈, 출신과 배경이 다른 이 두 사람은 애국심과 지향점이 같아서인가 1862년 처음 보는 순간부터 스승과 제자 관계로 친밀한 사제의 연을 맺게 됩니다. 사카모토 료마는 13년 연상인 그에게 서양 문물에 대한 많은 것을 배웠습니다. 가쓰 가이슈는 사카모토 료마에게 스승이자 족쇄와도 같은 탈번脫藩의 죄를 면하게 해준 은인이기도 했습니다. 당시 번주의 허가 없이 살던 지역을 벗어나는 탈번은 중범죄에 해당됐는데 가쓰 가이슈가 도사번의 번주에게 힘을 써 당시 그런 상황에 처해있던 사카모토 료마를 구제해 준 것입니다. 이제 그들은 일본의 근대화에 절대적으로 필요한 해군력 배양이라는 같은 생각을 공동의 방식으로 실천에 옮기게 됩니다. 그리고 서로 다른 위치에서 최종 목표인 대정봉환과 메이지 유신을 향해 달려갑니다.

1853년 미국의 흑선을 보고 놀란 도쿠가와 막부 역시 해군력의 필요성을 절감했습니다. 그래서 막부는 1855년 나가사키에 서양식 해군 장교를 양성하기 위한 해군전습소海軍操練所(해군훈련소)를 세웁니다. 가쓰 가이슈는 그가 작성한 해양방위 보고서를 유심히 본 막부에 의해 그곳에 감독관으로 보내져 감독 임무를 수행하며 교육도 받았습니다. 나가사키에 해군전습소가 생긴 것은 그곳에 네덜란드인들이 상주하고 있었기에 그랬습니다. 그리고 그곳이 천혜의 항구이기에 해군 교육기관이 자리하기에는 최적의 위치로 여겨졌을 것입니다. 해군전습소에 파견된 가쓰 가이슈는 본래부터 난학에 능했기에 네덜란드 교관의 통역을 맡으며 3년 반 동안 난학과 항해술, 과학 등을 감독하며 배웠습니다. 하지만 막부의 이 해군전습소는 1859년 폐쇄되었습니다.

사카모토 료마의 스승으로 메이지 유신의
막부 측 공신인 가쓰 가이슈(1823~1899)

이후 1862년 가쓰 가이슈는 막부 내 해군 최고 직위인 군함봉행軍艦奉行에 오르며 일본의 모든 해군 정책을 총괄하게 됩니다. 군함 건조까지도 맡는 자리였습니다. 그 전인 1860년에 그는 함장으로 일본 최초로 배를 몰고 태평양을 건너 미국의 샌프란시스코를 다녀오기도 했습니다. 세계에 일본의 항해술을 보여주기 위함도 있는 시위성 항해였습니다. 1864년 그는 효고현의 고베에 해군훈련소를 세웁니다. 오사카에서 가까운 고베항의 전략적 위치를 높게 보고 그곳에 해군 인재를 양성하기 위한 학교를 세운 것입니다. 그리고 막부의 자제들뿐이 아닌 일반인들에게도 그 학교를 개방하였습니다.

그런데 이 해군학교의 설립엔 에도에서 흑선을 목격했던 사카모토 료마도 함께했습니다. 그가 스승의 지시로 오늘날 후쿠이현의 번주에게 모자라는 학교 설립 자금을 빌려온 것입니다. 과연 그로부터 2년 후인 1866년 삿초동맹을 성사시킨 설득과 현상의 달인답게 그 일을 훌륭히 해낸 것입니다. 그리고 고베 해군훈련소의 책임자가 되었습니다. 하지만 이 해군훈련소는 막부의 심기를 건드린 가쓰 가이슈의 파직으로 인해 1865년 해산되어 사카모토 료마는 그곳을 떠나야만 했습니다. 그리고 설립자인 가쓰 가이슈는 1866년 막부의 부름으로 복직되어 다시 에도로 돌아갔습니다.

상선과 전함

드디어 일본인이 가장 존경한다는 역사 인물인 사카모토 료마의 홀로서기가 시작됩니다. 가쓰 가이슈에게서 독립한 그는 역시 또 근대적인 해군 양성을 위해 움직였습니다. 그는 고베 해군훈련소에서 나온 1865년 그 해 나가사키에 해원대(전신은 가메야마 조합)를 설립했습니다. 나가사키는 이렇게 서양인뿐만이 아니라 일본 메이지 유신의 주역들도 관심을 가진 중요한 도시였습니다. 해원대는 오늘날 일본 해군의 기원이 되는 근대적인 해군 양성뿐만이 아니라 무역 회사 성격도 가진 일종의 군산복합체 성격을 띤 단체였습니다.

나가사키 가자가시라 공원에 있는 사카모토 료마의 동상. 그 옆 깃발은 그가 설립한 해원대의 표식

그가 사쓰마번의 자금을 지원받아 해원대를 세웠기에 해원대는 일본 최초의 주식회사로 불리기도 합니다.

해원대에서 료마는 막부를 타도하고 메이지 유신으로 가는 다양한 일을 하였습니다. 검술에 능한 사무라이 출신답게 해군으로서 실제 배를 타고 조슈번과 막부 간에 벌어진 조슈정벌에 출정하기도 했습니다. 이 시기 그가 입안한 선중팔책船中八策이라 불리는 정책은 메이지 유신이 성공한 후 신정부에서 거의 그대로 채택될 정도로 시대가 필요로 하는 개혁성을 담고 있었습니다. 1867년 에도로 가는 배 위에서 세운 정책입니다. 그 8가지 정책 안엔 역시 또 그의 신념이기도 한 해군 양성도 들어가 있습니다. 생전에 그가 한 일 중 가장 높은 점수를 부여받는 삿초동맹도 해원대 시절인 1866년 이루어진 일입니다. 서로 대립해 오던 두 번을 화해시키기 위해 그는 조슈의 기도 다카요시, 사쓰마의 사이고 다카모리와 오쿠보 도시미치 등 유신 3걸을 만나러 다닐 때 해원대 대장이라는 명함을 들고 다녔을 것입니다.

사카모토 료마는 그가 세운 해원대에서 3년간 근무하고 생을 마감하였습니다. 불꽃같이 살다 간 그의 인생을 가장 화려하게 불태운 기간입니다. 일본의 근대화를 이룬 대정봉환과 메이지 유신을 위해 그의 한 몸을 바쳤으니까요. 그리고 31세의 젊은 나이에 자객에게 암살을 당했습니다. 사무라이다운 죽음입니다. 그는 1867년 대정봉환 한 달 후인 12월에 죽었습니다. 그리고 또 한 달 후인 1868년 근대화된 일본인 메이지 유신의 해가 밝았습니다.

료마의 인연 1 : 미쓰비시

해원대 시절 사카모토 료마는 일본 근대화에 위에 등장한 인사들과는 다르게 기여한 두 명의 인사를 만나게 됩니다. 한 사람은 이와사키 야타로로 그는 사카모토 료마와 같은 고향 출신입니다. 그는 나가사키에 무역상으로 와있었는데 그곳에서 사카모토 료마를 만나 친분을 나누며 서로의 사업을 진전시켰습니다. 넓은 일본 땅 전역을 돌며 활동하던 사카모토 료마가 일본 내에서 작고 마이너한 지역인 시코쿠의 도사번 사람을 만났으니 그에게 이와사키 야타로는 꽤나 반가웠을 것입니다. 더구나 나이도 한 살밖에 차이 나지 않아 둘은 고향 친구처럼 서로 친하게 지냈을 것입니다.

하지만 사카모토 료마의 급작스런 죽음으로 해원대가 해체(1868)된 후 이와사키 야타로는 그의 고향 사업체에 해원대의 일부를 합체해 1870년 독자적인 기업을 세우게 됩니다. 그 회사가 바로 그

사카모토 료마와 동향인 미쓰비시 그룹의 창업자
이와사키 야타로(1834~1885)

유명한 미쓰비시입니다. 미쓰비시 그룹의 창업자가 사카모토 료마의 고향 친구였던 것입니다. 메이지 유신과 함께 창업한 미쓰비시는 이후 유신 정부와 밀접한 관계를 맺으며 많은 국가적인 사업을 일으켜 일본의 근대화에 기여를 하였습니다. 정경유착의 표본이 되어 제국주의 시대 일본의 최대 기업으로 성장한 것입니다. 이와사키 야타로는 해원대 해산 후 그 대원들을 미쓰비시의 직원으로 모두 흡수하였습니다. 이렇듯 미쓰비시 그룹의 창업엔 유신지사 사카모토 료마의 이름도 들어가 있는 것입니다.

료마의 인연 2: 글로버 상회

사카모토 료마가 해원대 시절 만난 또 한 명의 인사는 이 글 처음에 등장하는 구라바엔에 서양식 저택을 짓고 살았던 토마스 글로버라는 영국인입니다. 그가 설립한 글로버 상회는 해원대와 거래하며 일본의 근대화에 적잖은 기여를 하였습니다. 일단 글로버는 서양의 앞선 무기를 해원대에 공급해 주었습니다. 사카모토 료마는 그 무기를 사쓰마번의 이름으로 무기가 필요한 조슈번에 공급하고 쌀농사가 없는 사쓰마번엔 조슈번의 쌀을 공급하는 중개 역할을 담당하였습니다. 서로 강 대 강으로 사이가 좋지 않았던 두 번이 손을 잡은 삿초동맹은 그러한 배경하에서 이루어진 것입니다. 서로에게 부족한 것을 메워준 사카모토 료마의 지략이 통했습니다.

사카모토 료마와 무역 파트너였던 글로버는 일본의 인재 양성에도 이름을 남겼습니다. 그는 조슈5걸이라 불리는 조슈번의 젊은이들과 사쓰마번의 젊은 인재 19명의 영국 유학을 주선했습니다. 요즘으로 치면 유학원 역할을 한 것입니다. 그들 유학생들은 돌아와 모두 일본의 근대화에 크게 기여하였습니다. 이토 히로부미도 그들 중 하나로 그는 조슈5걸의 멤버였습니다. 글로버는 또 사카모토 료마를 통해 알게 된 미쓰비시 창업자 이와사키 야타로와의 인연으로 미쓰비시 그룹의 간부로 근무하기도 했습니다. 고풍스러운 서양식 저택이 모여있어 지금은 유명 관광지가 된 나가사키의 구라바엔은 글로버의 일본식 이름에 정원Glover Garden을 결합한 것입니다. 그 시기

사카모토 료마의 국제 무역 파트너
토마스 글로버(1838~1911)

나가사키 구라바엔의 응접실. 영국 상인 토마스 글로버의 거주지였습니다.

그 동네엔 오페라 속이지만 푸치니의 〈나비부인〉의 주인공도 살았습니다. 그녀 초초상은 구라바엔 언덕 위 집에서 매일 항구를 내려다보며 미국으로 떠난 애인이 돌아오기만을 기다렸습니다.

해군의 영광과 몰락

메이지 유신기 일본은 사카모토 료마의 염원대로 해군에 지속적인 투자를 하여 해양강국으로 우뚝 올라섰습니다. 19세기 후반 일본이 가장 자랑하던 수출품인 도자기를 유럽의 만국박람회에 가서 팔면 돌아오는 길에 그 판매 대금으로 군함을 사 갖고 올 정도로 해군력 배양에 공을 들인 결과입니다. 일본은 서양에 700만 점에 달하는 도자기를 팔았는데 그 도자기는 임진왜란 후 끌려간 조선의 도공들에 의해 만들어진 것들이었습니다. 조선인과 그 후손들이 만든 도자기가 일본이 군사대국으로 가는 데에 일조하여 일본이 또 조선을 침공할 수 있었다는 것은 역사의 아이러니라 할 것입니다. 이렇게 일본의 근대화에 기여한 도자기 이야기는 '군함과 바꾼 보물' 편에서 상세히 다뤄집니다.

1894년 일본은 압도적인 해군력으로 청일전쟁에서 승리하여 지루하게 경쟁해 오던 청나라를 조선에서 쫓아내었습니다. 일본의 해군은 조선 앞바다에서 청이 자랑하는 북양함대를 물리치고 청의 본토인 웨이하이의 해군 기지까지 접수하였습니다. 그리고 10년 후 1904년 러시아와 벌인 러일전쟁에선 아시아에 정박한 러시아의 극동함대는 물론 멀리 유럽의 발트해에서 아프리카의 희망봉을 돌아 3만 km를 돌아서 온 전통의 발틱함대까지 모두 박살내어 그들을 조선(대한제국)에서 쫓아내었습니다. 아시아의 대국 중국에 이어 유럽의 대국 러시아에게까지 승리한 것입니다. 이제 한반도를 비롯한 아시아는 일본의 세상이 되었습니다. 막강한 해군력을 바탕으로 개화기 요시다 쇼인과 후쿠자와 유키치가 주장했던 정한론과 탈아론이 모두 실현된 것입니다.

이윽고 1941년 2차 세계대전에서 일본은 세계를 깜짝 놀라게 한 도발을 감행합니다. 미국의 태평양함대가 있는 하와이의 진주만에 공습을 가한 것입니다. 일본이 불가능할 것만 같은 침공을 강행할 수 있었던 것은 그들의 해군력이 전투기를 싣고 태평양을 횡단해 하와이 근처까지 갈 수 있었기 때문이었습니다. 당시 해군력의 첨단이자 핵심인 항공모함의 숫자와 기술력이 미국을 능가했기에 미국을 상대로 전쟁을 벌일 수 있던 것이었습니다. 또한 일본은 미국이 일본에 맞설 정도로 항공모함을 개발하기 이전에 그 전쟁을 끝낼 수 있다는 자신감이 있었습니다.

구라바엔 언덕에서 바라본 아름다운 항구 나가사키 전경. 우측 위로 미쓰비시 조선소가 보입니다.

하지만 일본의 판단은 틀렸습니다. 예상과 달리 미국은 단기간에 항공모함 전력을 극대화해 이어진 1942년 미드웨이 해전부터 일본에 승기를 잡았습니다. 그리고 오펜하이머가 주도한 맨해튼 프로젝트로 만들어진 원자폭탄을 일본에 떨어트려 태평양 전쟁과 2차 세계대전을 동시에 끝내버렸습니다. 공교롭게도 1945년 8월 9일 마지막 원폭인 팻맨Fat Man이 떨어진 도시는 개화기 가쓰 가이슈의 해군전습소와 사카모토 료마의 해원대가 있었던 나가사키였습니다. 그 도시에 일본의 전함을 건조하고 보수하는 미쓰비시 중공업의 조선소가 있었기 때문입니다. 지금도 나가사키의 구라바엔 언덕에 올라서면 가장 먼저 그 조선소의 거대한 크레인이 눈에 들어옵니다.

배의 키와 사카모토 료마의 장화를 형상화한 동상. 나가사키 소재

나가사키에 인공섬으로 조성된 네덜란드의 상관 데지마 | 17세기

다시 만난 미국

리틀보이와 팻맨 Little Boy & Fat Man

메이지 유신 이후 좌대륙 우대양으로 거침없이 질주하던 일본이 처음으로 멈춰 섰습니다. 무조건 항복입니다. 하지만 일본은 순식간에 또 살아납니다. 미국은 100여 년 전엔 흑선으로 압박만을 가했지만 이번엔 일본을 직접 개조시켰습니다.

B-29를 타고 온 보이 & 맨

예상 못 한 일본의 진주만 공습으로 한 방 맞은 미국은 물리학자 오펜하이머의 주도로 원자폭탄 개발인 맨해튼 프로젝트에 박차를 가해 1945년 성공을 거둡니다. 미국은 이미 진주만 공습 6개월 후 복수전으로 벌어진 1942년 미드웨이 해전에서 세계 최고의 해군력을 자랑했던 일본에게 승리함으로써 승기를 잡은 상태였습니다. 그렇게 태어난 세상에 없던 신상 핵무기는 전쟁의 대세가 기울었음에도 가미카제, 전원옥쇄 등 군국주의자들의 발악으로 항복을 하지 않는 일본에 결정타를 날립니다. 남쪽 지역 히로시마에 이은 나가사키의 원폭 투하, 어린아이Little Boy와 뚱보Fat Man라 불려 동네에서도 펀치력이 안 통할 것 같아 보이는 갓 태어난 애들에게 이렇게 차례로 한방씩 맞음으로써 메이지 유신 후 80여 년간 브레이크 없이 폭주하던 일본이라는 제국주의 기관차는 처음으로 멈춰 섭니다. 미국이라는 사자의 코털을 잘못 건드린 것이지요.

하지만 일본은 대전 중 이렇게 딱 두 도시와 그곳에 거주하는 민간인만이 큰 피해를 보았습니다. 사실 원폭으로 많은 사상자가 집중되어 피해가 커 보이지만 일본이라는 국가의 전체 피해는 상대적으로 그렇게 큰 것은 아니었습니다. 도쿄와 오사카 등 대도시 공습이 있었다고는 하지만 일본이 침략한 아시아의 다른 국가들과는 달리 본토 상륙 공격을 당하지 않았기에 그렇습니다. 상대적으로 깨끗한 피해라는 것입니다. 일본이 침략한 국가들은 그들이 영토의 이곳저곳을 휘저으며 만신창이를 만들고 민간인을 학살하는 등 인권 유린을 자행하였으니까요.

식민지인 우리나라는 태평양전쟁 이 시점에 인적 자원과 물적 자원 등의 수탈이 정점에 달하게 됩니다. 막바지 전쟁을 치르느라 닦달하는 일본의 병참 역할을 수행할 수밖에 없었으니까요. 중국의 피해는 난징학살만 보더라도 사망자가 30만 설까지 대두되는데 이는 히로시마와 나가사키의 원폭 사상자를 합친 숫자와 비슷합니다. 중국은 1937년에서 1945년까지 지루하게 이어진 중일전쟁의 사상자를 최대 3천5백만 명으로 집계하고 있습니다. 일본의 피해와는 비교가 안 되는 숫자입니다. 원자폭탄이라는 가공할 신무기의 화제성과 윤리적인 문제까지 대두되어 일본 피해를 더 주목하게 하는 것으로 보입니다.

사실 당시의 대세로 볼 때 히로시마의 원폭도 그렇지만 나가사키의 원폭은 막을 수 있던 재앙이었습니다. 군부가 천황에게 히로시마 원폭의 정확한 피해 상황을 신속하게 보고하고 곧바로 패전을 인정

히로시마(좌)와 나가사키(우) 원폭의 구름 기둥

도쿄에 정박한 미주리호 선상에서 맥아더 앞에서 항복 문서에 서명하는 일본 | 1945. 9. 2

했다면 나가사키에 팻맨은 출격하지 않았을 테니까요. 히로시마에 8월 6일, 나가사키엔 9일에 투하됐으니 첫 원폭 후 항복 의사를 바로 연합국 측에 전달할 수 있었습니다. 게다가 그 이전부터 소련의 대일본 참전이 가시화되면서 천황은 이미 항복으로 기울고 있던 터였습니다. 일본이 공산화되면 제정 러시아의 차르제처럼 천황제는 당연히 폐지될 테니까요. 당시 히로히토 천황은 러시아의 마지막 차르인 니콜라이 2세와 같은 일가족 처형을 걱정하고 있었을지도 모릅니다. 하지만 일본은 그때도 결사항전을 주장했던 주전파 군국주의자들의 반대 속에 8월 15일에야 히로히토 천황이 무조건 항복 선언을 합니다. 그와 동시에 우리나라엔 광복이 찾아오고 해방이 되었습니다.

군부독재의 끝

일본은 메이지 유신 초기에 정치와 군사 모두에 실권을 가졌던 사이고 다카모리가 그 권력과 인기를 힘에 입어 세이난전쟁을 일으키는 것을 보고 이후 정치 권력과 군사 권력을 이원화시켰습니다. 천황 아래 일원화되어있던 권력을 분산시킨 것이지요. 그래서 유신 초기 실권자인 유신 3걸이 퇴진한 후 최고 실권자는 이토 히로부미伊藤博文였음에도 군사 문제는 그가 아닌 군부의 실력자인 야마가타

안중근 의사에게 암살당한 메이지 시대의 최고 실력자 이토 히로부미(1841~1909)

일본 군국주의의 아버지라 불리는 야마가타 아리토모(1838~1922)

아리토모山縣有朋가 담당하였습니다. 조선 주둔군 사령관도 역임한 육군 원수인 그는 청일전쟁과 러일전쟁 등 당시 일본의 모든 군사 행동을 총지휘하였습니다. 그리고 군국주의의 아버지답게 모두 승리로 이끌었습니다. 이렇게 그는 이토 히로부미와 함께 문관과 무관의 양대 산맥을 이룬 것입니다. 물론 둘 다 삿초동맹의 주역인 조슈번 출신인데다 요시다 쇼인의 제자로 쇼카손주쿠 동문이니 궁짝은 잘 맞았을 것입니다.

그런데 대륙 침략과 태평양전쟁에선 이것이 오히려 독이 되었습니다. 군부가 내각의 견제를 받지 않고 걷잡을 수 없는 군국주의의 길로 간 것입니다. 양자가 동등한 힘을 가지니 서로 힘겨루기를 하게 되고 커뮤니케이션에도 문제가 발생하여 때론 내각 모르게 군부가 독자 행동에도 나서게 된 것입니다. 그래서 군을 통제하기 위하여 내각과 군을 통수하는 1인 실권자 체제로 다시 가는데 이때 등장한 실력자가 바로 문제의 도조 히데키東條英機입니다.

그는 육군 대신 신분으로 1941년 총리까지 겸하고 막판인 1944년엔 육군 참모총장까지 겸직하여 트리플 크라운을 달성합니다. 도조 막부란 소리를 들으며 전권을 휘두르게 된 것입니다. 과거 유신 초기 사이고 다카모리보다 세 보인 그였습니다. 그런데 평시엔 모르

도쿄 전범재판에서 사형당한 전범들을 후에 합사한 도쿄의 야스쿠니 신사

겠으나 전시의 이 결정은 상황을 더 악화시켰습니다. 그 또한 극렬 군국주의자였기에 이젠 그나마 있던 견제도 없이 무조건 반자이万歲(만세) 돌격 앞으로를 외치며 일본을 전쟁의 태풍 속으로 돌진하게 하였으니까요.

그 피해는 고스란히 우리나라를 비롯한 아시아의 다른 국가들에게 돌아갔습니다. 물론 그 시대에 일본이 원하는 인물이기에 그가 집행자로 낙점되었을 것입니다. 그는 패전 후 당연히 A급 전범으로 사형을 당했지만 연합군에 체포당할 당시 시도한 자결이 미수에 그쳐 스타일을 구기기도 했습니다. 평소 부하들에게 확실한 옥쇄를 강조했던 그였습니다. 하지만 그를 기리는 우익 세력들에 의해 그의 사후 유골은 이곳저곳을 떠돌다 1978년 국가의 희생자로 추대되어 말도 많고 탈도 많은 야스쿠니 신사에 다른 전범들과 함께 합사되었습니다. 그가 죽은 지 30년이나 되었으니 일본인들 기준에 그만하면 됐다 생각하고 주변 피해국들과 상관없이 내린 결정이었습니다.

그다음부터는 우리가 목도하고 있듯이 일본에서 총리를 비롯한 고관대작들의 야스쿠니 신사 참배 여부는 그들이 거행할 때마다 국제적인 이슈로 뜨고 있습니다. 도쿄에 위치한 야스쿠니 신사는 일본에 있는 8만여 신사 중 가장 규모가 큰 신사로 메이지 유신 시 천황을 위해 막부군과 싸우다 죽은 반막부파 전사들을 기리기 위해 유신 다음 해인 1869년 세워졌습니다. 천황을 위해 싸우다 죽었다는 것이 포인트입니다. 도조 히데키는 전범재판 시 천황의 전쟁 개입 여부를 묻는 재판관들의 집요한 질문에 요리조리 피해 가며 끝까지

부인하는 모습을 보였습니다. 그가 야스쿠니 신사에 들어올 수 있게 되고 일본인들이 지금도 그를 기리는 이유일 것입니다.

푸른 눈의 쇼군

연합국 총사령부 GHQ

1945년 일본이 항복한 후 미국을 비롯한 11개의 연합국은 연합국 최고사령부Supreme Commander of the Allied Powers(SCAP)라는 기구를 도쿄에 설치합니다. 일본에서 부르는 정식 명칭은 '연합국군 최고사령관 총사령부General Headquarters(GHQ)'인 이 기구는 이름에서 보듯이 총사령관인 더글라스 맥아더의 미국이 실질적으로 모든 것을 관장하는 기구였습니다.

막부의 귀환

맥아더는 1952년 샌프란시스코 강화조약이 발효될 때까지 7년간 말 그대로 최고 권력을 가지고 일본을 통치했습니다. 우리 땅 독도 문제를 유야무야로 처리해 일본에게 여지를 준 바로 그 조약입니다. 뿐만 아니라 연합국 최고사령부는 해방 후 한반도 남한의 미군정도 그의 지배력 아래 놓고 있었습니다.

당시 일본에서 맥아더의 권력이 얼마나 대단했냐면 군인인 그가 수장인 그 사령부는 막부라 불리고 맥아더는 쇼군, 또는 푸른 눈의 천황이라 불릴 정도였습니다. 그때 그가 가장 먼저 한 일은 천황을 하늘에서 땅으로 내려놓는 일이었습니다. 사실 히로히토 천황은 태평양전쟁의 최고 의사 결정권자였기에 전후 사형을 당해 마땅했지만 일본인의 정서를 고려해서 그 화는 면했습니다. 신으로 추앙받는 천황을 사형시킬 경우 그 후유증을 고려한 맥아더가 고심 끝에 내린 결정이었습니다. 전범재판 법정에 A급 전범으로 기소됐어야 할 그를 맥아더가 막아준 것입니다.

이렇게 천황을 살린 맥아더는 2차 세계대전 추축국 중 다른 나라의 지도자인 독일의 히틀러가 종전 직전 자살하고 이탈리아의 무솔리

도쿄의 미국 대사관으로 맥아더를 방문한 히로히토 천황 | 1945. 9. 27

니가 종전 전 자국 국민들에게 처형당한 것을 다행스럽게 생각했을 지도 모릅니다. 그렇지 않고 그들이 히로히토 천황처럼 종전 후까지 살아있었다면 일본보다 먼저 완료된 유럽의 2차 세계대전 전범재판인 뉘른베르크 재판에서 백 퍼센트 처형을 당했을 테니까요. 그랬다면 일본의 천황도 화를 면하기 쉽지 않았을 것입니다. 또한 대신 히틀러의 연인인 에바 브라운과 무솔리니의 연인 클라라 페타치는 살았을 것입니다.

이렇게 유럽의 두 전쟁 동업자들이 재판을 거치지 않고 죽어줬기에 맥아더는 상대적으로 덜 부담을 가지고 일본의 천황을 살렸을 것입니다. 정확한 이름이 극동 국제 군사재판인 도쿄 전범재판은 먼저 끝난 독일의 뉘른베르크 재판의 결과를 많이 참고하였습니다. 공범 성격으로 같이 일으킨 범죄였지만 그 사이 뉘른베르크의 판결은 판례가 된 것입니다.

일본을 항복시키러 온 일본의 구원자

그런데 역설적으로 이러한 미국이 주축이 된 연합국의 지배가 패망한 일본을 또 발전시킵니다. 맥아더는 7년에 걸친 통치 기간 중에 미국식 선진 제도를 일본의 각 사회 체제에 고루 뿌리내리게 하였습니다. 군국주의의 왕정에서 자유 민주주의 국가로의 일본으로 개조시킨 것입니다. 마치 80여 년 전인 1871년 미국을 비롯한 유럽 국가에 가서 선진 문물을 직접 보고 배워왔던 이와쿠라 사절단이 일본을 근대화시켰다면 이번엔 미국이 주축이 된 연합국이 일본에 직접 와서 그들을 선진화시키는 작업을 한 것입니다. 기간 중 우리나라 한반도에서 발생한 6·25동란도 전후 일본의 경제 발전에 큰 몫을 했습니다.

연합국 최고사령부는 7년 동안 일본의 정치, 경제, 사회, 교육, 문화 등 모든 체제를 미국식으로 바꿨습니다. 군대를 해산하고, 전범을 처벌하고, 재벌을 해체하고, 토지 개혁을 하고, 그리고 직계가 아닌 황족을 평민으로 강등시켰습니다. 군사 문제는 미국 본국의 합참 지시하에, 민정 문제는 본국 국무부의 지시하에서 그렇게 사회 전반을 바꾸어 갔습니다. 일본의 헌법과 법률 위에 존재하는 기구로 손아래에 일본 정부를 두고 그렇게 간접 통치를 한 것입니다. 일본으로서는 매우 굴욕적이었을 것입니다. 미국의 식민 정치와 다를 바 없었으니까요. 일본은 이렇게 1853년 에도 앞바다에 뜬 흑선 함대로 인해 불평등 조약을 맺은 이후 단 한 번도 겪지 않았던 굴욕을 100여 년 만에 처음으로 당하게 됩니다. 상대는 모두 같은 나라인 미국이었습니다.

하지만 그런 연합국 최고사령부가 주도한 도쿄 전범재판은 정의롭지 않았습니다. 전쟁 주범인 천황 처리의 문제도 그랬지만 28명만

2년 반이나 끌은 도쿄 전범재판 광경 | 1946. 5~1948. 12

이 A급 전범으로 기소되고 그중 도조 히데키를 비롯한 7명만이 사형을 당했기 때문입니다. 맥아더가 임명한 11명의 재판관이 2년 반 동안 진행하며 내린 결론이었습니다. 전쟁에선 하루에도 폭탄 하나로 죄 없는 수만 명도 죽이는데 법정에선 그것을 지시한 28명에 불과한 범죄자를 처벌을 하는데도 그렇게 오래 걸린 것입니다. 법리적 논리가 들어가서 그런 것인데 그래서 법은 멀고 주먹은 가깝다고 하는 것이겠지요. 이렇게 도쿄 전범재판은 저지른 범죄의 흉포함에 비해 턱없이 약한 처벌로 처벌이 마무리되었습니다.

아쉽게도 이 재판에 조선이든 대한제국이든 코리아는 등장하지 않았습니다. 독립국가가 아니라는 이유로 1939년부터 1945년까지 일어난 2차 세계대전의 피해국으로 간주되지 않았기 때문입니다. 11개국에서 온 11명의 재판관 중엔 중국과 필리핀의 재판관도 있었습니다. 그리고 그들 나라 국민들은 피해국 증인으로도 나왔지만 우리 조선인은 어느 곳에도 채택되지 못했습니다. 연합국의 눈엔 우리가 전쟁 훨씬 전인 1910년 한일합방으로 식민지화가 완료된 일본과 한 덩어리인 국가로 보였을 것입니다. 그리고 그런 우리를 피해자로 분류하면 연합국 중 그때까지도 인도를 식민지로 갖고 있는 영국 같은 나라들이 난처해질 수도 있어 모른 척한 것일 수도 있습니다. 동남아시아 국가들이야 주요 연합국인 미국, 영국, 프랑스, 네덜란드의 식민지인 상황에서 전쟁 기간 중 일본에게 무력 침공을 당했으니 당연하게 피해국의 자격을 부여받았습니다. 본래 침략국이었던 연합국의 이권과 상관이 있으니 그렇게 쉽게 결정을 하였을 것입니다.

이외에도 일본은 연합국이 1차 세계대전에서 패전국인 독일에게 천문학적인 배상 등 가혹하게 대해 독일이 2차 세계대전을 일으킨 것을 보고 전후 처리 정책을 유화적으로 바꾼 덕도 보았습니다. 하지만 당시 한반도를 위시한 소련 공산주의의 남하로 이것을 제지하

태평양전쟁의 최고 책임자로 지목된 도쿄 전범재판의 도조 히데키(1884~1948)

려는 미국의 입김이 더 큰 영향을 주었습니다. 그래서 종합적으로 일본의 전후 처리는 처벌과 재발 방지보다는 재건이 더 우선시되는 정책이 펼쳐졌습니다. 칼자루를 쥔 민주주의의 보루 미국이 그들의 아시아 방어망을 위해 그들의 손으로 파산시킨 일본을 곧바로 급속 회생시켜준 것입니다. 이래저래 운이 좋았던 일본이었습니다. 그 엄청난 인류 범죄를 짓고서도 면죄부를 받은 것도 모자라 재건까지 되었으니까요.

필리핀에 상륙하는 맥아더와 연합군 병력들 | 1944

맥아더의 연합국 최고사령부는 이렇게 전후 처리를 완료하고 정상 국가가 된 일본 정부에게 1952년 권력을 돌려주고 주일 미군사령부로 축소되었습니다. 메이지 유신 시 도쿠가와 막부가 천황에게 권력을 돌려준 1867년의 대정봉환을 떠올리게 하는 권력 이양이었습니다.

미제 민주주의

일본헌법 日本国憲法

일본은 2차 세계대전의 태평양전쟁에서 '폭망'했음에도 앞에서 설명했듯이 미국의 이런저런 도움과 영향력으로 위기를 딛고 재차 선진국으로 올라섰습니다. 연합국 최고사령부의 수장 맥아더는 최우선적으로 일본의 천황을 신에서 인간으로 끌어내렸다고 했습니다. 그러려면 천황을 무소불위의 국가 수장으로 명시한 헌법부터 손을 봐야 했습니다.

메이지 시대 대일본제국헌법 공포식 | 요슈 지카노부 | 1889

새 나라엔 새 헌법이

맥아더는 일본이라는 국가의 가장 기초적인 국체와 정체부터 개조하여 재정립했습니다. 이렇게 그의 손에 의해 1889년에 제정된 대일본제국헌법은 파기되고 1946년 새로운 일본헌법이 공포됩니다.

구헌법인 메이지 시대의 제국헌법은 이토 히로부미가 구미 선진국을 돌며 여러 헌법들을 검토한 결과 당시 이미 강국인 구미 국가들보다 신흥 강국으로 떠오르는 독일이 일본의 상황과 유사하다고 보

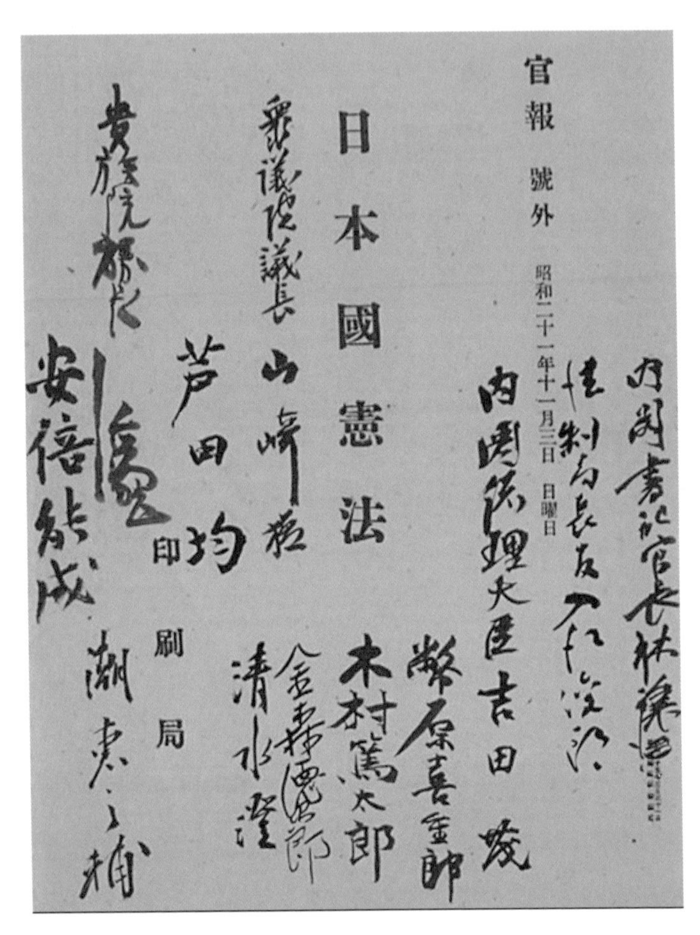
官報 號外 昭和二十一年十一月三日 日曜日

日本國憲法

印刷局

일본헌법 공포 시 발행된 관보 호외 | 1946. 11. 3

고 독일헌법을 모델로 만든 헌법이었습니다. 그렇게 세계사에 같은 시기에 부상하고 비슷한 헌법하에서 운영된 독일과 일본이라서인가 그 둘은 우리가 알고 있듯 나쁜 손을 맞잡고 20세기 전반에 같은 운명의 길을 걸었습니다. 흔히 메이지 유신의 기간은 유신이 시작된 1868년부터 이러한 제국헌법이 공포된 1889년까지를 이릅니다.

계몽주의자 장 자크 루소는 〈전쟁 상태론〉이라는 그의 논문에서 "전쟁은 상대국의 헌법을 바꾸는 것"이라고 정의하였습니다. 승전국이 패전국의 국가 형태를 바꿀 수 있다는 것입니다. 통치자 맥아더는 그 룰을 충실히 따랐습니다. 그런데 바꾼 헌법의 내용이 주목할 만합니다. 새롭게 공포된 일본헌법의 전문 하단부엔 "국정은 국민의 엄숙한 신탁에 의한 것으로 그 권위는 국민으로부터 유래하고, 그 권력은 국민의 대표자가 행사하며, 그 복리는 국민이 향유한다"라고 되어 있습니다. 기존 제국헌법의 천황, 천황, 천황 했던 자리에 국민, 국민, 국민이 들어선 것입니다. 가히 혁명적인 새 헌법…. 그런데 가만히 보면 어디선가 많이 본 듯한 문구입니다.

그렇습니다. 우리가 잘 알고 있는 링컨 대통령의 그 유명한 1863년 게티즈버그 연설에 나오는 대표 문구를 쏙 빼닮았습니다. "국민의, 국민에 의한, 국민을 위한" 그 연설의 중심 내용이 따옴표 순서대로 일본헌법에 똑같이 적용된 것입니다. 과거 천황에게 모든 권한을 부여했던 반민주적인 제국주의 헌법에서 그것을 국민에게 돌려주는 민주주의 헌법으로 미국인 맥아더가 바꾼 것입니다. 일본은 오늘날까지 이 헌법을 개정하지 않고 그대로 사용하고 있습니다. 그렇게 일본은 헌법마저도 미국식으로 바꾸어, 아니 바뀌어 민주국가로서의 발전을 거듭하며 전쟁 전범국에서 세계에서 무시하지 못하는 선진국으로 올라선 것입니다. * 위의 두 단락 인용 출처, 《그럼에도 일본은 전쟁을 선택했다》, 가토 요코 지음, 윤현명 · 이승혁 옮김, 서해문집 펴냄 *

1947년 1월에 발효된 일본헌법은 전쟁을 포기하고 군대를 보유하지 않겠다고 해서 평화헌법으로도 불립니다. 그런데 일본에는 주지하고 있듯이 헌법에서도 보유하지 않겠다고 선언한 군대 아닌 군대인 자위대가 있습니다. 아시아 최강의 전투력을 자랑하는 군대입니다. 한반도에서 6·25동란이 발발하자 치안 목적의 경찰 예비대로 편성되었다가 중국과 북한의 공산화와 냉전 등 국제 정세에 맞춰 1954년 오늘날의 자위대가 된 것입니다. 일본 군대를 해체한 연합국 최고사령부의 미국이 곧바로 서둘러 그렇게 하라고 종용했습니다. 결국 일본은 이렇게 졸지에 다시 군사력까지 급속도로 갖추게 되었습니다. 실질적으로 일본 역사상 그들 땅에 군대가 부재했던 기간은 새 헌법이 발효된 1947년부터 3년에 불과한 시간이었습니다.

일본인 아이들과 야구를 하는 미군 병사들 | 1945

미국이 만든 근대, 미국이 만든 현대

이렇듯 일본의 근대화와 선진화는 일본 근현대사에 이름을 올린 많은 인물들의 활약도 컸지만 미국이라는 국가의 영향력이 월등하게 작용하였습니다. 일본 근대화의 공신 리스트에 미국도 들어가야 한다는 것입니다. 그것도 최상위권 석차로 말입니다. 미국은 1868년 메이지 유신의 동기를 부여하고 앞선 문물을 전수해 일본을 근대화시켰습니다. 그리고 1945년 패망한 일본을 근대적인 왕정국가에서 빼내어 현대적인 선진 민주국가로 바꾸었습니다. 우리나라를 비롯한 아시아의 국가들을 침략하고 2차 세계대전이라는 패악적인 전쟁 범죄를 저질렀음에도 미국에 의해 곧바로 기사회생한 일본입니다.

그래서인가 그들 나라를 흑선으로 위협해 불평등 조약을 강요해 강제 개항시키고, 원폭을 투하해 많은 피해를 입히고, 메이지 유신 후 쾌도난마로 전진하기만 했던 그들에게 처음으로 패배도 안기고, 신으로 추앙했던 천황을 인간으로 끌어내리고, 그리고 전후 7년간 그들을 옴짝달싹 못하게 통치했던 미국임에도 일본은 오늘도 우리가 보고 있듯이 시종일관 미국과 매우 친밀한 관계를 유지하고 있습니다.

독도를 생각하며

1부와 2부에서 저는 봉건주의 국가였던 일본이 어떻게 근대화된 국가가 되고 선진국까지 되었는지를 제가 보고 아는 좁은 틀 안에서 사실적으로 기술하였습니다. 1850년대에서 1950년대까지 약 100년간의 기록이지만 1900년대 초반의 이야기는 많이 생략되었습니다. 한반도와 만주를 비롯한 중국 대륙 침략의 역사 부분입니다. 이렇듯 여러 인물들과 사건들이 등장했지만 제 시각에서 중요하다고 생각된 것만 얕게 다루다 보니 많은 역사가 빠져있을 것입니다. 요약본 수준으로 나름 제 딴엔 쉽고 재미있게 쓰려고 애를 쓰며 시대를 오르락내리락하였습니다.

역사의 아픔

글을 쓰면서 이런 상상이 들어왔습니다. 불경스러운 상상입니다. 19세기 말과 20세기 초 만약 일본이 조선(대한제국)을 합병하지 않았으면 우리의 운명은 어찌 되었을까요? 청나라인 중국은 이미 밀려났으니 이 땅을 호시탐탐 노리던 러시아에게 조선이 넘어갔을까요? 그리고 하나 더, 일본이 정한론의 기본대로 조선이나 만주국까지만 식민지로 삼고 2차 세계대전의 추축국으로 참전하지 않았다면 우리의 독립과 광복은 어떻게 되었을까요? 영국의 식민지였던 인도처럼 더 늦게 독립이 되었을까요?

약소국의 운명이 강대국에 의해 좌지우지되고 시장통에서처럼 그들끼리의 흥정 대상이 되어버리는 것은 분명한 역사적 사실입니다. 사자 굴의 토끼처럼 그의 뜻대로 할 수 있는 것이라곤 거의 없는 참담한 상황에 놓이게 되니까요. 그렇게 해서 얻어낸 독립도 진지한 숙고 없이 강대국의 이익과 편의대로 떡 썰듯 지도에 줄 하나 찍 그어 버리는 것이 다반사였습니다. 우리의 38선이 그랬고 세계지도에서 보듯 수많은 아프리카의 직선 국경 국가들이 그런 아픔의 결과입니다.

미담을 기대하기 이전에

본문에 언급한 독도 문제만 해도 그랬습니다. 그 논란은 1952년 발효된 샌프란시스코 강화조약의 결과로 비롯되었습니다. 그 회의에서 독도는 조약의 5차 수정 문서까지는 우리나라 땅으로 기록되었습니다. 그런데 미국의 어떤 작자가 그 결정에 이의를 제기하고 독도를 일본 땅으로 해야 한다고 주장한 것입니다. 그는 당시 일본의 정치 고문을 맡고 있던 자였습니다. 그 영향으로 6차 수정 문서엔 독도가 일본 땅으로 기록되었는데 영국과 뉴질랜드가 이견을 제시하자 그다음 차 수정 문서엔 아예 독도가 사라졌습니다. 그리고 최종 조약 문서에도 독도는 빠졌습니다.

예측컨대 당시 미국의 태평양 안보 이익과 일본의 이해관계가 맞아떨어져 6차 문서엔 그렇게 기록되었지만 더 강하게 계속 주장하기에는 무리가 있어서 그다음부터는 슬쩍 빼서 논외로 하였을 것입니다. 당시 당사자인 우리나라의 의견이나 고래로부터 우리 땅인 독도에 대한 역사적 배경이나 기록은 고려되지 않은 채 강대국의 이

메이지 유신의 발상지 야마구치현 하기에 남아있는 모리 가문의 성터 | 2018. 11

익과 흥정으로 그렇게 처리되어 버린 것입니다. 약소국의 설움입니다. 일본은 역사적이고 국제적인 이 조약 문서 중 6차 수정본을 독도에 관한 한 파이널 기록이라 보고 오늘날까지 집요하게 우기고 있는 것입니다.

단언컨대 아무리 선한 강대국이라도 약소국보다 더한 손해를 감수한 경우는 역사상 단 한 건도 없습니다. 안 봐도 되는 손해를 일부러 보며 장사하는 장사꾼은 없듯이 말입니다. 제가 기억하는 한 역사에서 강대국이 베푼 최고의 선의는 바빌론 유수 시 포로로 잡혀온 유대인들을 이후 바빌론을 정복한 페르시아의 키루스 대왕이 아무 조건 없이 풀어준 일뿐입니다. 노예의 노동력이 귀한 기원전 6세기에 그는 그렇게 하였습니다. 이 일로 이방인임에도 유대인에게 메시아라 칭송받은 그로 인해 당시 절망적인 히브리 노예들의 합창은 시온으로 향하는 환희의 송가로 바뀌었습니다. 그 사건 말고는 딱히 제 기억 속에 입력된 강대국의 그런 훈훈한 미담은 없습니다. 그러니 약소국은 애당초부터 약소한 상황을 만들지 않아야 할 것입니다.

메이지유신부터 GHQ까지, 일본 근대사 연표

1853, 1854 에도(도쿄) 앞바다에 미국 흑선 출현

1850년대 요시다 쇼인이 존왕양이론과 정한론의 이론적 체계 정립

1860년대 사카모토 료마가 삿초동맹을 통해 메이지 유신의 길을 닦음

1863 사쓰마번과 영국과의 전쟁인 사쓰에이전쟁

1863, 1864 조슈번과 미국, 영국, 프랑스, 네덜란드와의 전쟁인 시모노세키전쟁

1864, 1866 다카스기 신사쿠가 2차에 걸친 조슈정벌에서 승리, 막부군을 무력화시킴

1866 사카모토 료마의 중재로 조슈번과 사쓰마번이 손을 잡은 삿초동맹 성사

1867 마지막 쇼군 도쿠가와 요시노부가 대정봉환에 응함

1868 메이지 천황 도쿄 입성으로 메이지 유신 시작

1869 삿초동맹 연합군이 잔존 막부파와 벌인 보신전쟁에서 승리

1871 유신3걸이 판적봉환을 통한 폐번치현으로 통치 행정을 갖춤

1871 ~ 1873 이와쿠라 사절단의 구미 시찰

1873 조선정벌을 주장한 사이고 다카모리는 오쿠보 도시미치 등 반대파에 의해 실각

1874 오쿠보 도시미치가 기도 다카하시의 반대에도 불구하고 대만정벌

1876 정한론 재점화, 오쿠보 도시미치가 조선과 강화도조약 체결

1877 사이고 다카모리가 세이난전쟁을 일으킴

1878 오쿠보 도시미치의 암살로 유신 1세대 모두 퇴진

1878 유신 2세대 실권자로 이토 히로부미 등장

1884 후쿠자와 유키치가 조선의 갑신정변 지원

1885 후쿠자와 유키치가 정한론을 확대한 탈아론 주장

1894 오시마 요시마사가 조선의 경복궁을 침입하여 친일 내각 구성

1895 이노우에 가오루 공사의 기획으로 조선의 명성황후 시해

1894, 1904	야마가타 아리토모의 지휘 아래 청일전쟁과 러일전쟁 승리
1889	이토 히로부미가 대일본국제국헌법 공포. 동시에 메이지 유신 종결
1905	이토 히로부미가 조선과 을사조약을 체결하고 통감정치 시작
1909	대한제국의 안중근 의사가 이토 히로부미를 저격하여 살해
1910	정한론의 실현, 일본이 조선(대한제국) 합병에 성공함
1932	대륙으로 확장한 일본이 괴뢰국인 만주국을 세움
1937	중국과의 전면전인 중일전쟁 시작
1941	도조 히데키의 주도로 2차 세계대전 참전, 태평양전쟁을 일으킴
1941	일본의 진주만 폭격으로 미국 2차 세계대전에 자동으로 참전
1945	히로시마, 나가사키 원폭 투하로 일본 항복. 2차 세계대전 종결
1945 ~ 1952	맥아더의 연합국 최고사령부의 일본 지배
1946 ~ 1948	도쿄 전범재판 열림
1946	평화헌법이라 불리는 새로운 일본헌법 공포
1952	샌프란시스코 강화조약 발효로 일본의 주권 회복
1954	새 헌법에서 포기를 선언한 군대인 자위대 창설

TAKEOUT 3

근대화의 프리퀄

복수는 우리의 것

영웅집결 오와리

군함과 바꾼 보물

복수는 우리의 것

세키가하라 전투 関ヶ原の戦い

일본의 메이지 유신은 조슈번(야마구치현)과 사쓰마번(가고시마현)의 유신지사사라 불리는 개혁가들에 의해 일어났습니다. 그리고 이들을 중재한 도사번(고치현) 출신의 유신지사 정도가 낀 비교적 단순한 구성원으로 혁명을 이루어 낸 것입니다. 그런데 왜 그 많은 일본의 현들 중 사쓰마와 조슈만이 당시 정권인 도쿠가와 막부를 무너트리는 데에 혈안이 되었을까요? 아니 땐 굴뚝에선 연기가 나지 않습니다. 1부에서 소개된 조슈번의 역사와 함께 사쓰마번의 역사를 알아봅니다. 그리고 유신의 전조라 할 수 있는 그 이전의 역사까지 거슬러 올라가봅니다.

가고시마와 시마즈 가문

2023년 2월 일본 규슈의 가고시마는 멀었습니다. 팬데믹의 잔존 세력이 아직 남아있는지라 인천 공항에서 그곳까지 직접 가던 비행기가 여전히 멈춰 서있기 때문이었습니다. 결국 저와 일행은 가고시마의 북쪽 규슈의 관문인 후쿠오카 공항에서 내려 버스로 갈아타고 비행시간보다 훨씬 긴 3시간 30분 동안 300여 km를 남진을 한 결과 일본 본토의 남쪽 끝 바다가 보이는 가고시마에 도착할 수 있었습니다. 센간엔仙巖園, 이곳은 과거 가고시마의 다이묘가 살았던 별채로 푸른 바다가 연못처럼 내려다 보이는 아름다운 정원을 가진 고택이었습니다. 바다가 연못처럼 보이는 것은 정면에 화산섬인 사쿠라지마가 집앞 동산처럼 솟아있기에 그것이 가고시마만의 바다를 가두고 있는 것처럼 보여서 그랬습니다. 그 화산섬은 그날도 연기를 뿜어대고 있었습니다.

가고시마현은 과거 메이지 유신 이전 사쓰마번으로 불리던 지역으로 당시 그곳은 우리 일행이 도착한 센간엔의 주인이자 그 번의 다

가고시마의 센간엔 정원에서 바라본 사쿠라지마 화산섬과 가고시마만 바다

이묘였던 시마즈 집안이 다스렸습니다. 사쓰마번은 이후 시대가 바뀌어 가고시마현으로 이름이 바뀌었지만 그곳의 맹주였던 시마즈 가문은 그때는 물론 그 이전부터 천 년 가까이 지금까지도 여전히 변함없이 가고시마의 유력 가문으로 존재력을 과시하고 있습니다. 그날도 시마즈란 이름을 가진 그 집안의 대표자가 나와 우리를 반갑게 환영하고 안내해 주었습니다. 그들 중 적통 후손은 과거엔 그 지역의 왕 같은 다이묘였다면 지금은 우리가 방문한 센간엔 같은 그 집안의 유산과 여러 가업을 운영하는 회장 정도의 직함을 가지고 이곳의 유지로 살고 있을 것입니다. 센간엔이 있는 도시 가고시

마는 현청이 소재한 가고시마현의 중심지입니다. 우리 일행은 이곳이 '메이지 유신의 고향'이라 불리는 곳이기에 답사차 그곳을 방문한 것이었습니다. 앞에서 소개한 야마구치현의 하기는 '메이지 유신의 태동지'로 불린다고 했습니다.

시마즈란 이름은 우리 역사와도 상관이 있는 인물입니다. 그는 임진왜란 시 여러 전투에 출정했는데 특히 우리 민족의 영웅인 이순신 장군의 적장으로 존재감 있게 등장했습니다. 그 전투는 왜군이 재침한 정유재란의 막판인 1598년에 일어났습니다. 그 왜인들과의 전쟁 마지막 전투이자 이순신 장군의 마지막 전투이기도 한 노량해전에 당시 사쓰마번의 번주였던 시마즈 요시히로가 적장으로 참전한 것입니다. 김한빈 영화감독의 이순신 장군 시리즈인 〈명량〉과 〈한산〉에 왜군의 적장으로 구루시마 미치후사(류승룡 분)와 와키자카(변요한 분)가 등장했다면, 그 시리즈 마지막 편인 〈노량〉에 시마즈 요시히로가 등장하는 이유입니다.

당시 일본 수군을 이끌던 시마즈 요시히로는 그 전쟁의 발발자이자 총지휘자인 도요토미 히데요시가 죽음으로 인해 1598년 귀환길에 오르다 이순신 장군과 결전을 치른 것이었습니다. 결과는 이순신 장군의 대승으로 끝났지만 우리는 그 해전에서 그 영웅을 잃어야만

과거 가고시마가 사쓰마 시절 다이묘인 시마즈 가문이 살았던 센간엔의 고택

했습니다. 그가 치른 그 많은 전투 중 전쟁의 마지막 전투에서 죽었기에 지금도 뒷말이 무성한 노량해전이었습니다. 이때 왜장인 시마즈 요시히로는 기함을 벗어나 배를 갈아타는 등 죽을 고비를 넘기며 고향인 사쓰마번으로 간신히 돌아갔습니다.

반막부 세력의 기수

메이지 유신엔 당시 최고 권력기구였던 막부를 타도하고 그것을 이룬 일본의 선각자 그룹과 함께 항상 그들의 출신지가 따라다닙니다. 바로 이 글 서두에 등장한 오늘날 규슈의 끝 가고시마현, 그리고 앞서 '유신의 아버지와 제자들(요시다 쇼인)'에서 다룬 오늘날 혼슈의 끝 야마구치현이 그 지역입니다. 이 두 현이 메이지 유신의 주도 지역으로 이 지역의 인물들이 1868년 유신 이전 10여 년 전부터 1889년 일본제국헌법이 공포되어 메이지 유신이 완료되는 시점까지, 그리고 그 이후 대동아공영이라는 기치하에 2차 세계대전 패망까지도 100여 년간 격변기 일본의 주도 세력으로 활동을 하였습니다.

메이지 유신 초기엔 혁명의 동지였던 조슈번과 사쓰마번 출신 인사들의 연합정부 형태였습니다. 하지만 유신3걸 중 마지막 생존자인 오쿠보 도시미치 이후로는 이토 히로부미를 비롯한 조슈번 출신의 인사들이 대거 정권을 장악하게 됩니다. 사쓰마번 출신인 오쿠보 도시미치가 조슈번 출신의 이토 히로부미를 그의 후계자로 낙점하여 그렇게 되었습니다.

그런데 조슈번과 사쓰마번, 이 두 지역은 왜 그렇게 막부에 반감을 가지고 메이지 유신을 향해 돌진 앞으로를 했을까요? 일본엔 오늘날에도 43개의 지방 현이 있는데 이보다 더 숫자가 많았던 과거 봉건주의 번 시스템에서 유독 이 두 번만 왜 그렇게 중앙 정부인 막부를 타도하는데 앞장섰냐는 것입니다. 분명히 그것을 가능하게 한 어떤 사건이 그 이전에 있었을 것입니다. 인간사에 아니 땐 불에 연기는 날 수 없고 역사에 원인 없는 결과는 없으니까요. 이제부터 시계는 1868년 메이지 유신부터 268년 전인 1600년으로 돌아갑니다.

일본, 분열하다

노량해전에서 겨우 살아남은 시마즈 요시히로는 그의 영지인 사쓰마번으로 돌아왔습니다. 도요토미 히데요시가 일으킨 임진왜란은 7년간의 전쟁 끝에 1598년 그렇게 끝이 났습니다. 이때 일본은 다시 혼란에 빠졌습니다. 전국시대를 평정하고 일본을 통일한 지도자가 순전히 그의 뜻으로 일으킨 다른 나라와의 전쟁 중에 죽었으니 그것은 당연한 일이었습니다. 게다가 도요토미 히데요시는 50이 넘어 뒤늦게 아들을 얻은지라 후계자인 히데요리의 나이는 불과 5세밖에 되지 않았습니다.

이때 조정은 둘로 갈라졌는데 한쪽은 도요토미 히데요시를 따르는 다이묘들로 그의 아들 히데요리 편에 선 자들이 있었습니다. 이들을 문치파라 부릅니다. 강력한 중앙집권제를 꿈꾸었던 히데요시 곁에서 핵심 참모 역할을 했던 지략가 이시다 미쓰나리가 그들의 리더였습니다. 무단파는 그런 정책에 불만을 품은 다이묘들로 이들은 서슬 퍼런 도요토미 히데요시가 살아있을 때엔 표출하지 못했던 불만들을 드러내기 시작했습니다. 그들의 리더는 도쿠가와 이에야스였습니다.

도쿠가와 이에야스, 바야흐로 두견새가 울 때만을 끈질기게 기다리던 그에게 드디어 때가 온 것입니다. 그간 숨겨놓았던 그가 이제 발톱을 드러냅니다. 오다 노부나가도 죽고, 도요토미 히데요시도 죽었으니 이제 그는 그들이 쌀을 씻고, 지어놓은 밥을 먹기만 하면 되는 것이었습니다.

천하를 놓고 벌인 일전

1600년 10월 21일, 오늘날 기후岐阜현의 세키가하라 평원에 대군이 집합했습니다. 마치 중세 유럽 영화를 보듯 그런 큰 전투가 벌어진 것입니다. 기후현은 도요토미 히데요시의 본거지인 서쪽 오사카와 도쿠가와 이에야스의 본거지인 동쪽 에도 중간에 위치해 있습니다. 서군의 대장은 유신의 태동지인 하기를 소개하는 앞의 1부 글에 등장한 모리 데루모토였지만 실질적인 대장은 이시다 미쓰나리였습니다. 그가 이끈 서군 편에 9만여 명, 동군 대장 도쿠가와 이에야스 편에 8만여 명의 군사들이 집결해 숫자도 서로 비등했습니다. 이렇게 일본을 통일한 도요토미 히데요시 사후 불과 2년 만에 일본은 둘로 갈라졌습니다. 이때 과거 도요토미 히데요시의 신하였던 모든 다이묘들은 이시다 미쓰나리가 이끄는 서군이든 도쿠가와 이에야스가 이끄는 동군이든 어느 한 편에 서야만 했습니다. 그 전투의 결과에 따라 그들의 운명은 달라지니 머리를 잘 굴려서 서야 되는 줄이었습니다. 하지만 그 전투는 그들 개인의 운명은 물론 17세기 당시와 이후 일본의 미래를 바꾸는 전투가 되었습니다.

세키가하라 전투는 임진왜란에서 한배를 타고 바다를 건너 한 편이 되어 조선을 유린했던 어제의 동료들이 오늘은 적이 되어 서로 창

끝을 겨눈 전투입니다. 임진왜란의 좌우 쌍포였던 고니시 유키나가는 서군 편에, 가토 기요마사는 동군 편에 섰습니다. 그리고 이 글 위에 등장한 사쓰마번의 번주 시마즈 요시히로는 서군 편에 섰습니다. 하지만 전투는 너무나도 싱겁게 그날 당일에 바로 결판이 났습니다. 서군인 도요토미 히데요시의 유지를 받든 편에 섰던 다이묘들이 대거 배신을 해서 동군인 도쿠가와 이에야스 쪽으로 방향을 틀어서 그렇게 되었습니다. 동군의 완벽한 승리였습니다. 이로써 도쿠가와 이에야스는 인고의 세월 끝에 비로소 천하인天下人이 되어 전국시대 최후의 승자가 되었습니다. 오다 노부나가에서 도요토미 히데요시를 거쳐 천하가 그의 품 안에 들어온 것입니다.

평행론 1 : 패전의 굴욕

서군에 서서 전투에 패한 다이묘들은 당연히 처벌을 받았습니다. 이때 처리가 복잡한 두 명의 다이묘가 있었는데 그중 한 명이 이 글 위에 등장한 사쓰마번의 시마즈 요시히로였습니다. 그는 그 전투에서 역시 또 죽을 뻔했는데 부하들의 필사적으로 보호하여 죽지 않고 살아났습니다. 노량해전에 이어 2년 후 바로 이어진 세키가하라 전투에서도 또 패했음에도 그는 살아난 것입니다. 과연 천년 가문으로서 오늘날까지 권세를 누리는 집안답게 잘 안 죽는 목숨을 가진 시마즈 가문이었습니다. 그래서인가 그는 서군에 가담했음에도 처벌을 받지 않고 또 살아서 고향으로 갈 수 있게 되었습니다. 참전 군사의 숫자도 적었고, 전투도 소극적으로 했으며, 수장인 시마즈 요시히로의 치매 등으로 잘못된 참전을 한 것이라는 사쓰마번의 어필이 받아들여진 결과였습니다. 하지만 낙향하며 그는 심한 굴욕감을 느꼈을 것입니다.

또 한 명의 처치 난감한 인사는 모리 데루모토라는 다이묘였습니다. 그는 세키가하라 전투에서 서군의 명목상의 총대장으로 회사로 치면 임시 바지 사장과 같은 존재였습니다. 실제 전투에서는 체포 후 바로 처형을 당한 이시다 미쓰나리가 실질적인 총대장 역할을 했습니다. 모리 데루모토는 그래서 총대장임에도 전투에 참전하지도 않고 그 시간 오사카에 있었습니다. 그래도 그는 도쿠가와 이에야스 입장에선 적군의 수장이었기에 사형이 마땅했으나 가신의 만류로 그 대신 다른 서군 인사를 처형하고 영지를 대폭 축소하는 조건으로 사형을 면했습니다. 그리고 혼슈 끄트머리 오늘날 야마구치현인 조슈번으로 쫓겨갔습니다. 앞의 1부 하기를 소개하는 글에도 언급된 내용입니다. 모리 가문으로선 매우 굴욕적인 처사였을 것입니다.

천하를 걸고 동군과 서군으로 나뉘어 싸운 세키가하라 전투(1600)의 기록화

세키가하라 전투의 동군 대장 도쿠가와 이에야스(1543~1616)

세키가하라 전투의 실질적인 서군 대장 이시다 미쓰나리(1560~1600)

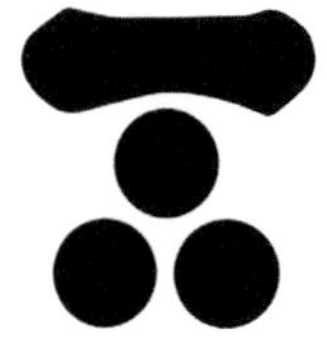

조슈의 모리 가문의 문장(왼쪽)과 사쓰마의 시마즈 가문의 문장(오른쪽)

이래서 조슈번으로 쫓겨간 모리 가문과 사쓰마번으로 돌아간 시마즈 가문은 도쿠가와 가문에게 구원이 있을 수밖에 없었습니다. 이후에도 지속해서 이들은 요주의 지역으로 꼽혀 사사건건 막부의 견제와 감시, 불이익을 받곤 했습니다. 특히 조슈번이 더 그러했습니다. 이후 사쓰마번의 시마즈 가문은 쇼군인 도쿠가와 가문과 혼맥을 맺는 등 관계가 개선되기도 했으니까요. 하지만 본래부터 상무정신이 강한 사쓰마번이기에 그 둘의 반골 기질은 이후 일본의 역사를 역전시키는 데에 중추적인 역할을 하게 됩니다.

도요토미 가문의 몰락

사실 도쿠가와 이에야스는 어떻게 보면 매우 얄미운 사람이라 해야 할 것입니다. 그의 캐릭터를 보여주는 여러 비유는 그를 인내심이 강한 사람으로 묘사하지만 그 내면엔 얄미울 정도의 사심을 안고 있기에 그렇습니다. 일단 그는 임진왜란에 출정하지 않았습니다. 주군인 도요토미 히데요시의 명령에 이런저런 핑계를 대고 나가지 않은 것입니다. 다른 다이묘들이 출정하여 병력 손실을 감수하는 동안 그는 7년간 본토에서 힘을 비축할 수 있었습니다. 도요토미 히데요시는 죽기 전 그의 어린 아들을 걱정하여 고다이로五大老로 불리는 5명의 원로 가신들에게 어린 히데요리에게 충성 서약까지 하게 하며 그의 후사를 부탁했는데 도쿠가와 이에야스도 그중 한 명이었습니다. 그래서 그가 일으킨 세키가하라 전투도 명분은 서군의 이시다 미쓰나리와 똑같이 히데요리를 위해서였습니다.

하지만 그는 세키가하라 전투 3년 후인 1603년 그의 이름을 딴 도쿠가와 막부를 열며 과거 주군인 도요토미 히데요시와의 약속을 어겼습니다. 그 이전 히데요리의 직위를 내리고 영지를 축소했던 그였습니다. 그리고 그것도 모자라 그는 히데요리가 살아있는 꼴을 못 보았는지 1614년 히데요리가 살고 있던 오사카성을 침공하였습니다. 세키가하라 전투에 이어 오사카 전투를 일으킨 것입니다. 그 전투에선 여전히 과거 주군이었던 도요토미 히데요시를 추종하는 잔존 세력들이 그의 아들 히데요리를 지키기 위해 맹렬히 싸웠습니다. 결국 도쿠가와 이에야스의 손주 사위이기도 한 히데요리와 그의 생모인 요도도노는 자결로 최후를 맞이하였습니다. 그다음 해인 1615년 여름까지 이어지는 팽팽한 전투를 끝내기 위해 도쿠가와 이에야스가 내민 거짓 화해를 받아들인 결과였습니다.

당시 도쿠가와 이에야스는 이미 쇼군의 자리를 아들에게 물려준 상태로 오고쇼大御所라 불리는 상왕으로 있던 상태였습니다. 흡사 그 이전 조선의 태종이 아들 세종의 탄탄대로를 위해 외척에게 무자비

도요토미 가문의 종말을 고한 오사카 전투(1614~15)의 기록화

한 모습을 보여준 우리의 역사를 떠오르게 하는 대목입니다. 전투 후 히데요리의 부인인 센히메는 그녀를 아끼는 할아버지 도쿠가와 이에야스의 보살핌으로 화려하게 재혼을 하였습니다. 미안한 마음이 들었는지 재혼 선물 격으로 현재 일본에서 가장 아름다운 성으로 꼽히는 효고현의 히메지성의 안주인이 되게 한 것입니다.

오사카 전투가 벌어지기 전 센히메의 남편인 히데요리는 17세에 불과한 그녀를 살리기 위해 이혼을 하고 그녀를 성 밖으로 나가게 하였습니다. 정략결혼으로 인한 아내의 희생을 막기 위함이었습니다. 권력 유지를 위해 냉혈한의 모습을 드러낸 도쿠가와 이에야스와는 다른 모습을 보여준 것입니다. 결과와 상관없이 도쿠가와 이에야스가 아낀 그녀를 인질로 삼을 수도 있었을 텐데 말입니다. 이로써 한

시대를 풍미했던 도요토미 히데요시와 그의 가문은 일본 역사에서 완전히 사라졌습니다. 뒤늦게 얻은 유일한 아들이 후사를 남기지 않은 채로 죽임을 당했기 때문입니다.

도쿠가와 막부의 다이묘 정책

세키가하라 전투에서 승리한 도쿠가와 이에야스는 1603년 오늘날 도쿄인 에도에 막부를 열고 초대 쇼군으로 취임하였습니다. 일본 역사에서 가마쿠라 막부, 무로마치 막부에 이은 세 번째 막부입니다. 그러면서 그는 다이묘 체제를 전면적으로 개편했습니다. 270여 개에 달하는 크고 작은 번과 다이묘를 3개의 등급으로 분류한 것입니다. 신판親藩이라 불리는 1등급 다이묘는 이에야스의 친족들로 그들은 에도 지역에 거주하게 하였습니다. 2등급인 후다이譜代 다이묘는 본래 그의 가신 그룹으로 에도 외곽 주요 지역에 영지를 나눠주고 거주하게 하였습니다. 그리고 3등급인 도자마外様 다이묘는 세키가하라 전투 이후 충성을 맹세한 그룹으로 에도에서 멀고 험한 지역에 배치하였습니다.

즉, 쇼군인 도쿠가와 가문 주변을 오리지널 충성 그룹으로만 배치해 유사시 호위 무사 역할을 하게 만든 것입니다. 물론 대우도 등급에 따라 나눠 다이묘의 힘을 나타내는 영지의 쌀 출하량도 그에 맞춰 조정해서 분배했습니다. 이런 정책으로 에도에서 멀리 떨어진 도자마 다이묘들은 갈수록 세력이 약해질 수밖에 없었습니다. 이들 3그룹에 조슈번과 사쓰마번이 속해있었습니다.

중앙 막부幕府의 대장 쇼군將軍과 지방 번藩의 번주藩主인 다이묘大名들이 주종 관계로 상하 충성과 영지를 주고받으며 움직인 이 에도 시대의 정치 시스템을 막번체제幕藩體制라고 부릅니다. 막부는 다이묘들의 반란을 막고 충성심을 유발하기 위해 여러 정책을 실시하였는데 결혼 정책도 그중 하나였습니다. 쇼군은 양녀를 들여서라도 지방의 여러 다이묘들과 사돈 관계를 유지하였습니다. 그리고 다이묘들의 주거도 통제를 하였는데 다이묘가 사는 성을 신축하거나 개축할 때는 반드시 막부의 허락을 득해야만 했습니다. 건축 설계도를 막부에 제출해 결재를 맡아야만 공사에 들어갈 수 있던 것이었습니다.

하지만 다이묘 길들이기의 끝판왕은 참근교대參勤交代라 할 것입니다. 모든 다이묘들은 격년제로 2년에 1년은 막부가 있는 에도에 들어와 살아야 했습니다. 예상하듯 이 일은 보통 일이 아니었습니다. 지금처럼 교통이 발달하지 않았던 시대인지라 그 행렬이 이동하는

에도 풍경을 묘사한 우타가와 히로시게의 판화 | 19세기 중반

데에 매우 긴 시간과 큰 비용이 드는 일이었습니다. 더구나 다이묘들은 그들의 권위를 위해서도 에도 입성과 번으로의 낙향 시 화려하게 행렬을 꾸려야 했습니다. 에도에 머물 때에도 그와 그의 친족과 가신들이 머물 집이 있어야 하니 이것은 정말 큰일이었습니다. 조슈번도 혼슈 끝으로 멀지만 규슈 최남단인 사쓰마번의 경우는 이동 시간만으로도 길바닥과 바다 위에 그 시간이 다 소요되었을 것입니다. 재정도 그만큼 더 크게 고갈되었겠지요. 이런 차별과 괴롭힘으로 그 둘의 불만은 이래저래 쌓여갈 수밖에 없었습니다. 막부에 대한 저항 정신이 계속 자라난 것입니다.

그러나 다이묘들의 참근교대는 역설적으로 일본의 발전을 초래했습니다. 북쪽 끝 아오모리부터 남쪽 끝 가고시마까지 전국의 모든 다이묘들이 이렇게 2년에 한 번씩 이동함으로써 도로와 교통이 발달하고 물자가 이동하며 경제가 활성화되어 국가 발전에 도움이 되었다는 것입니다. 유통되는 화폐도 통일되어 에도를 중심으로 전국이 단일한 경제 시스템 하에 돌아가게 된 것입니다. 그때까지만 해도 혼슈 북쪽 섬 홋카이도는 사람이 살기 힘든 땅이라 해서 막부가 눈독을 들이지 않아 번이 설치되어 있지 않았습니다. 이후 러시아가 남하하면서부터 막부도 홋카이도에 관심을 가지며 경계를 늦추지 않고 사람을 살게 한 것입니다.

지식, 바다를 건너 찾아오다

1603년 도쿠가와 이에야스로부터 시작된 막번체제는 대정봉환이 거행된 1867년까지 264년간 유지되었습니다. 그 사이 세상은 계속해서 변해갔습니다. 막부는 직영 영지와 지방 다이묘들로부터 걷는 세입이 전통적인 수입원이었지만 갈수록 발달하는 상공업으로부터 얻는 수익도 상당했습니다. 특히 당시 일본 해외 무역의 창구였던 나가사키의 인공섬인 데지마를 통해 얻어지는 무역의 차익은 모두 막부가 독점하였습니다. 그 무역의 독점 파트너는 기독교를 포교하지 않는다는 조건으로 손을 쓴 네덜란드였는데 이로 인해 네덜란드의 학문과 문물이 일본으로 들어오게 되었습니다. 반대로 일본에서 네덜란드 상선을 통해 유럽으로 들어간 수출품도 많았는데 그중 유럽인이 열광한 대표적인 상품이 도자기와 일본 전통 회화인 우키요에였습니다.

이 시기 네덜란드를 통해서 들어온 서구 학문을 통칭해서 난학蘭學이라 부릅니다. 당연히 일본의 개혁파와 선각자들은 이 난학에 관심이 많았습니다. 요시다 쇼인, 사카모토 료마, 그리고 료마의 스승 중 한 명인 가쓰 가이슈 등이 그들이었습니다. 가쓰 가이슈는 마지막 쇼군인 도쿠가와 요시노부가 1867년 대정봉환을 결정할 때 그의 곁에 선 가신으로 쇼군의 결정을 도와 하마터면 있을지도 모를 무력 충돌을 막고 무혈로 대정봉환을 이루게 한 자입니다. 막부 내부에도 개혁의 필요성에 공감한 유력 인사가 있었다는 것입니다. 그리고 1885년 〈탈아론〉을 기고하며 일본 제국주의의 방향을 제시한 후쿠자와 유키치도 일찍이 난학을 공부한 계몽가였습니다.

번들 중에선 시마즈 가문으로 대표되는 사쓰마번이 이 난학에 가장 적극적이었습니다. 그중 11대 번주인 시마즈 나리아키라島津 斉彬는 다이묘임에도 가장 난학에 심취한 자로 급속한 개혁 성향을 지닌 인물이었습니다. 그는 사쓰마번 출신 유신3걸인 사이고 다카모리와 오쿠보 도시미치를 등용하고 가신으로 중용해 그들과 함께 일본의 근대화를 논하고 실행하였습니다. 그들 또한 그런 주군을 존경해 그의 가르침과 뜻대로 사쓰마번이 메이지 유신의 주역이 되는 데에 앞장섰습니다.

이 글 인트로에 등장한 가고시마의 다이묘 별채인 센간엔仙巖園 바로 곁에는 쇼코슈세이칸上古集成館이라 불리는 유적이 있습니다. 이름에서 보듯이 일본에서 가장 오래된 단지인데 바로 공업 단지입니다. 번주인 시마즈 나리아키라는 1851년 서양식 제철, 제강, 조선, 유리 등의 공장을 일본 최초로 이곳에 세웠습니다. 쇼코슈세이칸이

사이고 다카모리와 오쿠보 도시미치를 키운 사쓰마번의 개혁 번주 시마즈 나리아키라(1809~1858)

마즈 나리아키라가 1851년 조성한 일본 최초의 서양식 공장 단지인 쇼코슈세이칸의 본관(상)과 별관(하)

메이지 일본의 산업혁명 유산으로 불리는 이유입니다. 우리 일행이 방문했을 때에도 유리 공예품을 만드는 공장은 지금도 전통적인 방법으로 돌아가고 있었습니다. 사쓰마키리코薩摩切子라 불리는 유리 공예 명품이 태어나는 곳입니다.

평행론 2: 존왕양이와 도막운동

개화기 미일수호통상조약 등을 거치며 일본엔 미국, 영국, 프랑스 등의 서구 국가들이 물밀듯이 들어왔습니다. 하지만 사쓰마번은 이렇게 그 이전인 1851년부터 외세인 서구와 중앙 정부인 막부와 상관없이 독자적으로 근대화되어가고 있었습니다. 과연 메이지 유신의 고향이라 불리는 사쓰마번이었습니다. 즉, 삿초동맹의 한 축인 조슈번엔 요시다 쇼인이라는 사상가가 쇼카손주쿠松下村塾라는 학교에서 그 지역의 인재들을 양성했다면, 또 한 축인 사쓰마번에선 시마즈 나리아키라라는 개혁 다이묘가 지역의 우수한 인재를 등용하고 산업화의 길로 나아가고 있던 것입니다.

사쓰마번과 조슈번은 경쟁적으로 근대화의 길을 가고 있었습니다. 선진 문물을 배우자는 측면에서도 그 둘은 일치했습니다. 1860대 초반 그 둘은 그 번의 젊은 지역 인재들을 당시 최고 선진국인 영국으로 유학을 보냈습니다. 막부가 금지한 사항임에도 그들은 그렇게 중앙 막부의 눈을 피해 선진화 작업을 하고 있던 것이었습니다. 1863년 조슈번에선 이토 히로부미를 비롯한 5인(조슈5걸)이 영국으로 유학을 떠났고, 1865년 사쓰마번에선 19명이 영국으로 유학을 떠났습니다. 번에서 번주가 보내줬으니 번비유학생이라 해야 할 것입니다. 그런데 이들이 이렇게 빠른 서구화 행보를 보인 것엔 두 번 모두 서구 열강의 뜨거운 맛을 본 것도 공통적으로 작용하였습니다.

1863년 사쓰마번에선 다이묘 아버지의 행렬을 말을 타고 가로막은 영국인들을 번의 호위 무사들이 살해한 사건이 일어났습니다. 막부가 미국과의 조약으로 개항하자 일본 이곳저곳에 서양인들이 들어오며 국부가 유출되는 과정에서 양이攘夷를 외치며 일어난 사건이었습니다. 그리고 에도 시대에 사무라이는 재판 없이도 농민을 비롯한 평민을 죽일 수 있었습니다. 이로 인해 사후 해명과 배상을 거부한 사쓰마번과 영국 간에 사쓰에이 전쟁이 일어났습니다.

마찬가지로 조슈번의 경우도 1864년과 1865년에 걸쳐 미국, 영국, 프랑스, 네덜란드 연합국과 벌인 시모노세키 전쟁의 결과 역시 또 박살이 났습니다. 아무리 사무라이 정신이 충만해도 선진화된 무기

가고시마만에서 영국과 일본 사이에 벌어진 사쓰에이 전쟁(1863)

앞에서는 게임이 되지 않았습니다. 서양의 높은 벽을 절감한 이 두 전쟁은 조슈번과 사쓰마번의 개혁가들이 존왕양이尊王攘夷라는 기치하에 천황을 받들고 서양 오랑캐를 물리치자는 운동에서, 서양을 배우고 막부를 물리치자는 도막운동倒幕運動으로 방향을 튼 결정적인 사건이 되었습니다.

세키가하라의 시퀄, 메이지 유신

1600년 세키가하라 전투에서 시작된 도쿠가와 막부에 대한 구원과, 1850년대 중엽 밀고 들어오는 외세에 제대로 대처하지 못한 도쿠가와 막부의 무능에 분개한 조슈번과 사쓰마번의 하급 무사 출신의 선각자들은 이제 대정봉환과 유신을 향해 본격적으로 나아갑니다. 그러려면 막부와 외세에 같은 쓴맛을 보고, 같은 목표를 가진 이 두 번이 힘을 합쳐야 하는데 그게 생각처럼 간단한 일이 아니었습니다. 조슈번과 사쓰마번은 워낙 개성이 강하고 기가 센 번인 만큼 두 번의 사이가 좋을 수가 없었습니다. 강 대 강이 손을 잡기는 더 어려운 법이니까요. 그래서 중재자가 필요했는데 그 틈을 바로 비집고 들어가 1866년 사쓰마와 조슈의 삿초동맹을 이끌어낸 설득의 달인이 바로 사카모토 료마였습니다. 이렇게 절대 섞일 것 같지 않았던 이 두 번이 합침으로써 그 이듬해인 1867년 도쿠가와 막부의 쇼군인 요시노부는 마침내 대정봉환의 결단을 내린 것입니다.

조슈번과 사쓰마번이 동맹을 맺었단 소식을 들은 쇼군 도쿠가와 요시노부의 머릿속엔 266년 전 세키가하라 전투에서 그의 선조인 도쿠가와 이에야스에게 굴욕을 당했던 조슈번의 모리 가문과 사쓰마번의 시마즈 가문이 떠올랐을 것입니다. 그리고 이어서 도쿠가와 이에야스에게 죽임을 당한 도요토미 히데요시 편에 섰던 서군의 다이묘들까지 떠올렸을지 모릅니다. 대세가 넘어감을 느꼈을 것입니다. 대정봉환과 거의 동시에 막부로부터 권력을 이양받은 천황은 교토에서 에도로 입성해 그 이듬해인 1868년 왕정복고를 선언하고 연호를 메이지明治로 선포했습니다. 바야흐로 메이지 유신의 시작입니다. 그해 도쿠가와 막부의 역사가 서린 에도江戸라는 이름은 도쿄東京로 바뀌었습니다. 천황이 기거했던 교토京都의 동쪽에 있는 도읍지라는 뜻입니다.

이렇듯 메이지 유신의 역사엔 그것을 만들어 낸 사람들의 역사가 서려 있습니다. 그 사람들의 뿌리까지 내려가다 보면 보듯이 1600년의 세키가하라 전투가 있었습니다. 당시 그 전투에서 도요토미 히데요시 편에 서서 불이익을 당한 자들이 도쿠가와 이에야스 가문을 물리치고 메이지 유신을 이루어 낸 것입니다. 단 하루의 전투가 250여 년 후의 일본을 바꾸었습니다. 길고도 긴 와신상담이라 하겠습니다. 이렇게 보면 도쿠가와 가문을 끌어내린 메이지 유신은 과거 주군이었던 도요토미 히데요시의 복수를 한 것이라고도 볼 수 있을 것입니다.

그런데 어쩌면 반 도쿠가와파들이 때가 무르익어 막부를 끌어내렸는데 유신까지 온 것일 수도 있습니다. 거사의 타이밍이 서구 선진국들이 일본에 물밀듯이 들어올 때와 절묘하게 맞아떨어져 일본의 근대화를 이룬 유신까지 보너스로 챙겼다는 것입니다. 처음엔 개혁가들도 양이를 주장했으니까요. 역사의 운이 따랐던 일본이었습니다. 이렇듯 1860년대 일본은 역동적인 가운데 매우 시끄러웠습니다. 조슈번과 사쓰마번, 그리고 도사번의 유신지사들이 일본을 바꾸기 위해 온 나라를 헤집고 다녔으니까요. 반대로 그 시기 우리의 조선은 너무나도 조용했습니다. 1863년 고종이 11세의 어린 나이로 즉위하여 그의 아버지인 대원군이 나라 문을 굳게 걸어 잠그고 있던 때였으니까요.

평행론 3: 정한론

조슈와 사쓰마, 두 지역은 공통점이 하나 더 있습니다. 정한론征韓論을 가장 강하게 주장했던 인사들의 고향이라는 것입니다. 조슈번의 요시다 쇼인은 일찍이 정한론을 주장한 인사입니다. 그의 많은 제자와 후예들이 이후 그의 뜻을 따라서 정한론을 실행했습니다. 사쓰마번엔 정한론을 더 원색적으로 주장한 인사가 있었는데 그는 가고시마는 물론 모든 일본인에게 인기가 높은 사이고 다카모리입니다. 유신 초기 정한론을 주장하다 다른 유신3걸인 오쿠보 도시미치와 기도 다카요시에 막혀 권력을 내려놓고 고향으로 낙향한 그였습니다. 당시 그는 전국시대인 1590년 일본을 통일한 도요토미 히데요시와 같은 해법으로 조선정벌을 주장했습니다. 메이지 유신으로

메이지 유신의 실력자 사이고 다카모리(1828~1877)

인해 실업자가 된 사무라이들에게 일자리 제공을 위해서라도 그것을 촉구한 것이었으니까요. 과연 전국구 스타답게 오늘날 그의 동상은 수도 도쿄와 고향 가고시마시에 모두 서있습니다.

해군력이 강했던 사쓰마번은 일본의 남쪽 현관이라 불리는 지역으로 바다를 통해 세계와 연결되어 있었습니다. 서양의 선박이 일본에 들어올 때 가장 먼저 보인 도착지였으니까요. 반대로 일본이 바다를 통해 해외로 뻗어나갈 때도 사쓰마번은 출발지 역할을 톡톡히 하였습니다. 1609년 이루어진 류큐정벌은 사쓰마번이 독자적으로 감행한 것이며, 메이지 유신 초기인 1874년 감행한 대만정벌 때에도 그들은 선봉에 섰습니다. 사이고 다카모리와 실업자가 된 그의 사족들이 그 정벌에 주력군으로 동원되었습니다. 결국 류큐 왕국은 1879년 일본 영토로 편입되어 이후 오키나와현이 되었습니다.

반면에 육군력이 강했던 조슈번은 일본의 서쪽 끝으로 그들은 그곳을 통해 대륙과 연결되었습니다. 오쿠보 도시미치는 1873년 사이고 다카모리의 정한론에 반대하며 고향 친구에서 정적이 된 그를 낙향시켰지만 1875년 조선의 강화도에서 운요호 사건을 일으켜 정한론의 서막을 열었습니다. 미국의 흑선이 일본에게 했던 방법과 동일한 프로세스를 밟았습니다. 즉, 그와 기도 다카요시는 사이고 다카모리의 정한론을 반대한 것이 아니라 방법론에서 차이가 있던 것이었습니다. 이는 유신 정부군에 대항하여 세이난전쟁을 일으킨 사이고 다카모리를 1893년 복권시켜 수도 도쿄의 한복판인 우에노 공원에 동상까지 세워준 것을 보면 알 수 있습니다. 초록이 동색인 정한론자들이었습니다.

결국 유신3걸 퇴진 후 야마가타 아리토모(1894 청일전쟁, 1904 러

에도 시대 다이묘의 참근교대 행렬 모습

일전쟁 주도), 이노우에 가오루(1895 을미왜변 주도), 가쓰라 다로(1905 가쓰라-태프트 밀약 주도), 이토 히로부미(1905 을사늑약 주도) 등은 1910년 한일합병을 통해 정한론을 완성했습니다. 대륙으로 뻗어 나갈 전초 기지를 한반도에 구축한 것입니다. 이들은 모두 다 조슈번 출신으로 요시다 쇼인의 제자들입니다. 조슈번의 시모노세키는 한반도와 가장 가까운 항구로 근대화된 일본에선 도쿄에서 기차로 시모노세키를 거쳐 페리로 부산으로 들어와 기차를 타고 경성에 도달하는 데에 60시간이 걸렸습니다. 막부 시대의 참근교대와는 비교할 수 없는 속도였습니다.

영웅집결 오와리

나고야 名古屋

일본 역사상 가장 역동적인 시대는 오다 노부나가, 도요토미 히데요시, 도쿠가와 이에야스가 활동했던 전국시대일 것입니다. 동시대에 걸출한 3인이 태어났습니다. 놀라운 것은 이들 모두가 같은 지역에서 태어났다는 사실입니다. 그리고 흡사 잘 짜여진 드라마와도 같이 권력의 정점인 일본 통일을 향해 세력을 확장하며 순차적으로 한 시대를 풍미했습니다. 그런데 생전에 그들의 이런 행보는 개인 간 권력 쟁탈전이었을지 모르지만 사후 일본의 판도를 완전히 바꾸어 놓았습니다. 오와리에서 시작된 그 시대를 일본 근세화의 시작으로 보는 이유입니다.

중세 끝, 근세 시작

역사에서 고대와 중세를 이어받은 근세와 근대는 그 시대적 구분이 애매합니다. 그래서 크게 근대를 나누어 근세early modern period와 근대late modern period로 부르기도 합니다. 9차례에 걸친 십자군 전쟁이 1291년 종결되고 1453년 동로마 제국이 멸망하면서 유럽은 새로운 시대가 시작됩니다. 바다를 통해 외부 세계로 나가는 대항해 시대가 시작되고 내부에선 르네상스, 종교개혁 등의 변화가 일어났습니다. 기독교가 절대적이었던 천년 중세의 시대가 마감되고 새로운 질서인 근세가 시작된 것입니다. 이후 절대왕정기를 거치며 반동으로 일어난 계몽주의와 이를 잇는 기계의 산업혁명과 인간의 프랑스혁명 등으로 근세는 근대로 교체되었습니다.

동양의 중국은 명나라와 청나라 시대를 근세라 보고 청이 몰락한 아편전쟁 이후를 근대로 보고 있습니다. 일본은 흔히 17세기 초 에도 시대라 불리는 도쿠가와 가문이 집권한 시기를 근세라 부르며 이후 일본이 대변혁한 메이지 유신기부터 근대라고 부릅니다. 우리

도쿠가와 이에야스가 태어난 것으로 알려진 오카자키성

나라는 조선 시대 전반을 근세라 부르고 후기 고종이 왕위에 오른 개화기 시대부터 근대라고 칭하곤 합니다. 하지만 이런 시대적 구분은 모호하고 애매할 수밖에 없습니다. 선왕이 죽어서 새 왕이 왕위를 잇는 것처럼 칼로 무를 자르듯 명확하게 시대를 나눌 수 있는 것도 아니고, 대륙별 나라마다 발전의 속도가 달라서도 그렇습니다. 그러니 근세와 근대는 공인된 정설이 존재하지 않는 것이 맞다고 하겠습니다.

오카자키성 아래 풍경 | 히로시게 | 1833~1834

근세의 세 영웅

일본의 근대화는 1853년 미국의 흑선이 에도 앞바다에 출몰해 이에 경각심을 느낀 하급 사무라이들로 구성된 개혁파가 막부를 무너트리고 1868년 메이지 유신이 성공하면서 시작되었다고 했습니다. 그 이전 근세화는 1590년 일본을 통일한 도요토미 히데요시가 8년 후인 1598년 죽어 그 이득을 본 도쿠가와 이에야스가 쇼군이 되면서 1603년 오늘날 도쿄인 에도에 그의 가문 이름을 딴 도쿠가와 막부를 열면서 시작되었습니다. 일본 역사상 두 번째 막부인 무로마치 막부의 지배력이 흐지부지해지면서 오닌의 난(1467~1477) 이후 약 130년간 혼란스러웠던 일본이 통일된 시기입니다. 하지만 에도 시대 이전 이렇게 교토에 무로마치 막부의 쇼군이 있었음에도 전국 각지의 실력자들이 난립했던 16세기의 100여 년을 근세의 시작으로 보기도 합니다. 에도 시대로 귀결되게 한 전국시대戦国時代(센코쿠시대)부터 근세로 본다는 것입니다.

서양의 사가들은 이보다 조금 앞선 15세기 말부터 16세기 초 이탈리아의 피렌체를 미스터리라고 부르곤 합니다. 그 한 도시에서 같은 시기에 어떻게 그토록 많은 예술 천재들이 출현할 수 있었는지에 대한 경탄성 발언입니다. 다빈치, 미켈란젤로, 라파엘로 등 르네상스 3대 거장이 활동했던 피렌체였습니다. 이들뿐만이 아니라 그 도시엔 도나텔로, 브라만테, 보티첼리 등의 예술 흔적도 고스란히 남아있습니다. 인구가 많아야 5만에서 10만 정도의 도시에서 이런 천재들이 한 시기에 넘쳐났으니 그것을 신기해하는 것입니다. 그 이전 시기까지 거슬러 올라가면 문학엔 단테가 있었고 이후엔 사상가인 마키아벨리까지 있어 가히 피렌체는 다양한 천재들의 도시라 하겠습니다. 물론 그때 예술가들을 지원한 강력한 패트런인 메디치 가문이 있었다고는 하지만 그렇다고 그것이 가능한 것은 아닙니다. 천재들은 교육이나 훈련으로 만들어지는 것은 아니니까요. 시간과 공간을 움직이는 우주의 큰 기운이 동시에 맞아떨어져서 이런 현상이 일어났나 봅니다. 이렇게 이탈리아의 근세는 피렌체에서 일어난 르네상스라는 예술운동으로 시작되었고 유럽 전역으로 퍼져 나갔습니다.

16세기 중엽 전국시대라 불리는 일본의 근세기에도 이와 유사한 시간과 공간의 큰 기운이 작용한 듯합니다. 대신 그 기운을 받은 자들은 예술가가 아니고 무인들이었습니다. 전국시대 트리오라 불리는 오다 노부나가(1534~1582), 도요토미 히데요시(1537~1598), 도쿠가와 이에야스(1543~1616)가 그들입니다. 이들 이외에도 날고 기는 많은 다이묘들이 열도를 누볐지만 누가 뭐래도, 어떻게 줄을 세워도 이들 트리오는 항상 그 선두에 서게 됩니다. 마치 르네상스 시대의 다빈치, 미켈란젤로, 라파엘로처럼 말입니다. 위에서 보듯이 이들 3인의 나이 격차는 불과 9년일 정도로 촘촘히 붙어 있습니다. 같은 시간대에 비슷한 연배의 영웅들이 전국시대 일본의 통일을 놓고 격전을 펼친 것입니다.

근세의 문을 연 도시

그리고 그 장소는 오와리였습니다. 이들 트리오는 모두 오와리라는

오다 노부나가의 숙부의 성인 이누야마성

커다란 집에서 태어났고 그곳에서 유력 다이묘를 가리키는 센코쿠 다이묘로 성장하며 정치적인 야망을 키웠습니다. 그리고 기업을 이룬 후엔 마치 결혼해서 차남들은 분가를 하듯이 새롭게 터를 잡은 각자의 도읍지에 위치한 성으로 옮겨갔습니다. 차남 격인 도요토미 히데요시는 오와리를 떠나 서쪽의 오사카로, 3남 격인 도쿠가와 이에야스는 동쪽의 에도로 옮겨 갔습니다. 불행히도 장남 격인 오다 노부나가는 아우들과는 달리 일본 통일을 보지 못했습니다. 만약 1

이누야마성 | 우에하라 고넨 | 1940년 이전

등으로 달려 나가던 그가 순리대로 통일의 대업을 이루었다면 그는 마치 장남이 아버지의 집을 물려받듯이 오와리에서 끝까지 눌러앉았을 것입니다. 그렇다면 오늘날 일본의 역사는 많이 달라졌을 것입니다. 오와리에서 오다 막부를 열었겠지요.

이들 트리오가 이렇게 천하의 패권을 놓고 태어나고, 성장하고, 주종 관계이면서 경쟁 관계로 견제하던 오와리는 오늘날 아이치현의 나고야입니다. 행정 구역 개편으로 정확히 일치하지는 않지만 나고야의 옛 지명 권역이 오와리입니다. 메이지 유신기 에도가 도쿄가

오다 노부나가가 태어난 것으로 알려진 나고야성

되었듯이 오와리는 나고야가 되었습니다. 나고야는 일본의 중앙 지역인 주부中部 지방의 중심 도시로 교토京都와 도쿄東京 사이에 위치해 있어 중앙의 수도라는 뜻인 주쿄中京로도 불리는 도시입니다. 16세기 중엽 일본의 한복판에서 이렇게 세 영웅이 태어나고 자웅을 겨루었습니다. 위에서 거론한 르네상스기의 피렌체와 유사하게 느껴지는 전국시대의 오와리입니다.

2023년 12월 초 처음 방문했던 나고야의 날씨는 쌀쌀한 편이었지

나고야성 | 쓰치야 고이쓰 | 1937

만 매우 화창하여 그 한기를 잊게 하였습니다. 더구나 그때까지도 만개한 단풍으로 인해 서울보다 가을이 더 남아있는 듯했습니다. 일찍이 상공업이 발달했고 오늘날도 일본을 대표하는 기업인 도요타를 비롯해 린나이, 노리다케 등 많은 기업들이 있어 공업 도시인 나고야이지만 공기와 하늘로만 보면 전혀 그런 공업적인 느낌은 받지 못했습니다. 그곳에 도착하자마자 처음에 떠올린 인물은 엉뚱하게도 선동열과 이종범 선수였습니다. 그들이 나고야를 연고로 하는 프로야구 구단인 주니치 드래건즈에서 선수 생활을 했기 때문일 것입니다. 이렇듯 사람은 분위기와 상관없이 머릿속에 저장된 알고 있는 것만 떠올리는 것 같습니다.

숙소로 돌아온 밤엔 그곳이 근교이긴 했지만 정말 제 기억 속에 언제일지 모를 어린 시절에나 본 듯한 지면까지 닿은 커다란 반구형의 하늘에 많은 별들이 깨알같이 박혀있는 별난 스타쇼를 보았습니다. 일행 중 누군가는 별똥별을 보았다고까지 했습니다. 어딜 가도 깨끗한 나라라는 인상과 그 실제는 공업 도시인 나고야도 예외는 아니었습니다.

나고야에서 오다 노부나가의 탄생지로 알려진 나고야성과 도쿠가와 이에야스의 탄생지인 오카자키성을 방문하였습니다. 오카자키는 나고야와 붙어 있는 도시입니다. 그리고 한 군데 성을 더 방문했는데 그곳은 오다 노부나가의 숙부인 오다 노부야스의 성인 이누야마성입니다. 기소 강가 높은 언덕에 자리 잡은 이누야마성은 현재 일본에 국보로 지정된 5개의 성들 중 하나일 정도로 보존 상태가 완벽한 아름다운 성입니다. 그리고 성 아래도 성 안의 사무라이들을 지원했던 상인인 조닌町人들이 살던 조카마치城下町라 불리는 마을이 옛 모습을 그대로 갖추고 있어 마치 일본의 16세기에 와있는 듯한 느낌을 받았습니다. 나고야성과 오카자키성은 많은 개보수를 거쳐서 외부는 옛 성의 모습이지만 내부는 주상복합의 실내와도 같아 인테리어는 별 매력이 없어 보였습니다.

이누야마성 근처에 자리한 오다 노부나가의 동생인 오다 우라쿠사이의 정원인 우라쿠엔도 방문을 했는데 그곳 또한 국보로 지정된 일본 전통의 다실이 있는 고풍스러운 정원이었습니다. 과거 사무라이들이 차담을 나눴던 다실은 대문과 방문이 좁다는 말을 들었는데 정말 대문도 작고 좁지만 다실로 들어가는 방문은 좁은 정도가 아니라 개집처럼 기어서 들어가야 할 정도로 낮고 좁은 문으로 만들어져 있었습니다. 이렇듯 흡사 유럽의 고성 투어를 하듯이 옛 성과 옛 정원을 중심으로 돌아본 공업 도시 나고야, 아니 근세기의 오와리 답사였습니다.

오다 노부나가 동생의 정원인 우라쿠엔에 있는 국보 다실

근세의 2번 타자: 도요토미 히데요시

도요토미 히데요시가 태어난 성은 가지 못했습니다. 성이 없으니 갈 수 없는 것이었습니다. 그는 오늘날 나고야 시내가 된 나카무라라는 지역에서 빈농의 아들로 태어났습니다. 빈농이라 하더라도 그의 생가를 가늠할 수 있는 기록이라도 있다면 그곳을 어떻게 하든 꾸며놨을 텐데 그의 생가 유적지는 나고야에 있지 않습니다. 전국시대를 끝내고 일본을 통일한 영웅의 생가가 없는 것입니다. 이렇듯 도요토미 히데요시는 완벽한 흙수저 출신으로 그 신분을 극복하고 출세를 한 것입니다.

전국시대 일본을 최초로 통일한 도요토미 히데요시(1537~1598)

그는 인도 카스트 제도의 최하층민인 수드라의 직업이라 할 수 있는 부잣집 변소의 똥을 퍼 나르는 변소지기에서 시작해 좌판을 깐 바늘 장수를 하기도 했습니다. 그러다 오다 가문에 겨우 취직을 해서 주방을 담당하고 이어서 마구간 담당으로 승진을 해 주인인 오다 노부나가의 눈에 띈 것입니다. 오다 노부나가의 말들을 담당하니 그와 대면할 기회가 많아서 도요토미 히데요시의 뛰어난 업무 능력과 임기응변이 빛을 본 것입니다. 그는 그날그날 날씨와 이동 거리에 맞춰 말의 컨디션을 보면서 오다 노부나가에게 최상의 말을 제공했다고 합니다. 이로 인해 출세한 도요토미 히데요시는 주군인 오다 노부나가가 혼노지의 변으로 교토에서 급작스레 죽게 되자 주군을 배신하고 변을 일으킨 경쟁자인 아케치 미쓰히데를 제거하고 1590년 일본을 통일하였습니다.

하지만 천한 신분으로 인해 천황으로부터 쇼군직을 받을 수 없던 그는 관백과 태합이란 직책으로 일본의 최고 권력자가 되어 8년간 나라를 다스렸습니다. 그때 그가 한 가장 큰 일은 조선을 침공한 우리의 임진왜란이었습니다. 쇼군은 겐지源氏라 불리는 귀족 혈통만이 될 수 있었기에 그는 쇼군은 되지 못했으나 만약 그가 더 오래 살았다면 결혼이나 입양을 통해서 혈통을 바꾸어서라도 쇼군이 되고 도요토미 막부를 열었을 것입니다. 실제로 그는 실각한 무로마치 막부의 마지막 쇼군인 아시카가 요시아키의 양자로 들어가기 위해 애를 쓰기도 했습니다. 하지만 그가 1592년에 주도한 임진왜란이 그의 발목을 잡았습니다. 만약 그가 조선을 침략하지 않고 내정에 전념해 후계 구도를 튼튼히 했다면 도쿠가와 이에야스의 시대는 오지 않았을지도 모릅니다. 임진왜란에 이 핑계 저 핑계로 출정하지 않고 그 기간 동안 멀리 동쪽 에도에서 힘을 비축한 그였습니다. 만약 도요토미 히데요시가 막부를 열었다면 나고야에 성이 없던 그였기에 그는 그가 애정하는 오사카성에서 오사카 막부를 열었을 것입니다.

근세의 3번 타자: 도쿠가와 이에야스

출신 성분으로 치면 오다 노부나가는 금수저이고 도쿠가와 이에야스는 오다 노부나가에 못 미치는 은수저, 아니 동수저 정도로 봐야 할 것입니다. 이것은 그 둘이 태어난 성만 보아도 알 수 있습니다. 오다 가문의 나고야성과 도쿠가와 가문의 오카자키성은 사이즈 면에서 봐도 확연하게 차이를 느낄 수 있었습니다. 물론 나고야성은 도쿠가와 이에야스가 에도에 막부를 연 후 축성을 해서 더 번듯하게 규모를 키우기는 했습니다. 오다 노부나가가 그의 본성을 오와리 내 기요스성으로 옮겨 가 폐성이 되어 있었기 때문입니다. 당시 성의 꽃이라 할 수 있는 천수각 공사는 임진왜란 시 조선에 출병했던 무장 가토 기요마사가 담당하였습니다.

도쿠가와 이에야스는 어린 시절 오다 가문에 가서 2년간 인질 생활을 하였습니다. 그리고 이어서 당시 더 힘이 세었던 슨푸성(시즈오카)의 다이묘인 이마가와 가문에서 8세부터 19세까지 11년간 인질 생활을 하였습니다. 그 두 가문 사이에 끼어서 눈치를 보며 살았던 도쿠가와 가문이었기에 그랬습니다. 어린 시절 이렇게 긴 인질 생활을 통해 도쿠가와 이에야스는 생존의 처세술과 불사의 인내심을 배웠을 것입니다. 그는 오와리에서 먼 동쪽의 에도로 분가해 쇼군이 된 후에도 일본 중앙에 위치한 나고야 성의 전략적인 중요도를 알기에 신판 다이묘라 불리는 도쿠가와 가문의 친족들 중에서도 똑똑한 아들에게만 그 성을 승계하고 오와리번을 다스리는 다이묘로 임명하게 했습니다. 도쿠가와 이에야스의 생애는 이 책의 '도쿠가와 막부의 시작과 끝'에 더 상세히 기록되어 있습니다.

근세의 1번 타자: 오다 노부나가

누가 뭐래도 오와리의 맹주는 오다 노부나가입니다. 그는 군웅이 할거하던 전국시대 일본의 중앙에서 일본의 근세화의 포문을 연 선각자라 할 것입니다. 용맹스러운 사무라이로서 뛰어난 남성 리더십으로 조직 내 부하들을 꼼짝 못 하게 장악했지만 신분으로 사람을 판단하지 않았습니다. 그러니 일개 말 관리자였던 도요토미 히데요시를 발탁할 수 있었던 것입니다. 그리고 그런 그의 눈은 정확했습니다. 결국 도요토미 히데요시가 일본 통일을 이루어냈으니까요. 천민 출신이라 배경과 교육이 없고 인맥도 없던 도요토미 히데요시는 잘난 주군인 노부나가를 따르고 흉내를 내면서 지도자의 길로 접어들 수 있었습니다. 그는 끝까지 문맹자였습니다.

오다 노부나가는 외부 세계의 선진 문물과 사상을 받아들임에도 주저함이 없었습니다. 당시 포르투갈인이 전해준 조총을 그의 군대에 적극적으로 수용하였기에 그는 다른 다이묘들보다 앞서 나갈 수 있었습니다. 그리고 비슷한 시기에 들어온 서양의 종교인 카톨릭도 그는 제재하지 않고 오히려 보호하고 장려까지 하였습니다. 커나가는 불교 세력을 견제하기 위함도 있었습니다. 그래서 이후 다이묘들 중에선 카톨릭 신자가 꽤나 되었습니다. 임진왜란 시 포르투갈 신부들이 미사를 위해 조선에 함께 왔을 정도였으니까요. 도요토미 히데요시의 조선과 명나라, 필리핀, 인도 정복 계획은 주군인 오다 노부나가가 생전에 수립한 세계 정복의 로드맵을 따른 것일 수도 있습니다. 스페인과 포르투갈의 서양식 갑옷을 즐겨 입는 등 오다 노부나가는 일본이라는 우물 안에 국한하지 않고 세계주의자의 면모를 보여주고 실행하였습니다. 원칙을 중시하면서 진보적인 가운데 유와 강을 적절히 구사했던 그였습니다. 그에게서 300여 년 후인 메이지 유신기 막부를 타도하고 서양을 배우자는 유신 개혁파의 모습이 보입니다.

일본 근세의 변혁과 정치적 통일의 선구자 오다 노부나가(1534~1582)

오다 노부나가는 당시 구체제라 할 수 있는 무로마치 막부를 무력으로 종식시켰습니다. 1573년 그나마 교토 지역에서만 권력이 통했던 무로마치 막부의 마지막 쇼군인 아시카가 요시아키를 쫓아내고 통일의 발판을 마련한 것입니다. 하지만 1582년 혼노지의 변으로 그가 죽음으로서 더 빠르게 근대화를 진행할 수도 있었던 일본의 문은 다시 닫혔습니다. 그래서 만약 파격적인 그가 통일을 하였다면 일본을 어떻게 변화시켰을까라는 문제는 미지의 영역으로 남게 되었습니다. 그가 죽자 그의 후계자인 도요토미 히데요시와 도쿠가와 이에야스는 그가 허용했던 카톨릭을 전면 금지하고 탄압했습니다. 그 금지령은 1868년 메이지 유신이 될 때까지 유효하여 일본 땅에서 카톨릭 사제와 신도는 아예 자취를 감추었습니다. 그리고 자유롭게 일본을 출입하던 서양의 배들도 규슈의 나가사키 한 곳만을 통해서 들어올 수 있게 되었습니다.

오와리, 오사카, 에도

일본 중앙에 위치한 오와리에 16세기 중엽 영웅 트리오가 있었습니다. 맏형 격인 오다 노부나가가 1번 타자로 그는 통일이라는 쌀을 씻고 가장 먼저 통일에 근접했지만 부하의 배신으로 허망하게 통일의 문턱에서 죽고 말았습니다. 48세였습니다. 그보다 3세 어린 그의 측근 2번 타자 도요토미 히데요시는 마침내 일본을 통일하였습니다. 주군인 오다 노부나가가 쌀만 씻어만 놓고 짓지 못한 밥을 그가 지어서 완성한 것입니다. 하지만 그는 쉴 틈도 없이 곧바로 일으킨 7년 전쟁인 임진왜란 중에 죽음으로서 그가 지은 밥을 제대로 먹지는 못했습니다. 61세였습니다. 그보다 6년 어린 가신이자 정적인 3번 타자 도쿠가와 이에야스는 그에 이어서 일본을 완전히 통일하였습니다. 이미 통일은 되어 있었느니 비교적 손쉽게 달성한 일이었습니다. 어느 정도 대세가 넘어간 상태에서 벌어진 세키가하라 전투와 오사카성 전투를 통해 그를 반대하는 정적을 제거하는 것이 주업이었으니까요. 그 일엔 주군인 도요토미 히데요시의 아들인 히데요리를 제거하는 일도 포함되어 있었습니다.

이렇듯 도쿠가와 이에야스는 먼저 간 주군들이 애써서 쌀을 씻고 지어놓은 밥을 혼자서 먹은 것입니다. 속된 말로 숟가락만 들고 죽지 않고 끝까지 버티다가 최후의 승자가 된 것입니다. 아, 일본이니 젓가락이란 표현이 맞겠습니다. 그를 두견새마저 안 울고는 지쳐서 못 버티게 만드는 인내의 표상으로 부르는 이유입니다. 1603년 에도에 막부를 개창한 그는 2년 만인 1605년 쇼군직을 아들에게 물려주고 그의 정치적 고향인 슨푸로 내려가 상왕인 오고쇼란 자격으로 살다가 당시로서는 천수를 누리고 죽었습니다. 73세였습니다.

오다 노부나가, 도요토미 히데요시, 도쿠가와 이에야스 이들 트리오는 모두 오와리에서 태어나고 자랐지만 기업을 이룬 후 각자의 본거지는 오와리, 오사카, 에도로 달라졌고, 죽음 또한 교토(사찰 혼노지), 교토(후시미성), 시즈오카(슨푸성)로 다른 곳에서 맞이하였습니다. 이렇듯 전국시대 그들의 출현으로 고대부터 교토와 나라 등 간사이関西 지방이 중심이었던 일본의 역사는 동쪽의 간토関東 지방까지 확장되었습니다. 그리고 새로운 도읍지인 간토 지방의 에도(도쿄)와 경제 중심지로 성장한 간사이 지방의 오사카가 일본 1, 2위의 양대 도시로 균형을 맞추며 발전하였습니다. 새로운 시대, 새로운 질서가 구축된 것입니다. 오와리를 떠난 도요토미 히데요시와 도쿠가와 이에야스가 그렇게 만들었습니다.

과거엔 오와리라 불렸고 일본 중앙에 있어 별칭으로는 주코中京라 불리는 나고야는 현재 일본 3위의 도시가 되었습니다. 전국시대 영웅 트리오가 지역 기반으로 삼았던 도시들이 모두 현재 일본을 대표하는 랭킹 1, 2, 3 도시들이 되었다는 사실은 매우 흥미롭습니다. 그런데 만약 오와리의 맹주였던 오다 노부나가가 죽지 않고 통일을 이루었다면 이 세 도시의 운명은 어떻게 되었을까요? 그들이 살아있을 땐 단순한 권력 쟁탈전이었을지 몰라도 사후엔 일본의 지정학과 역사에 커다란 영향을 끼친 전국시대 트리오였습니다.

군함과 바꾼 보물

사쓰마야키 薩摩燒

메이지 유신에 앞장선 가고시마엔 우리 조선인이 살고 있었습니다. 도자기를 굽는 사람들이었습니다. 그들은 임진왜란 때 끌려가 그곳에서 도자기 생산에 성공해 일본 도자기를 세계적인 명품 반열에 올려놓았습니다. 그렇게 일본의 부국강병에 기여한 것입니다. 사쓰마야키를 대표하는 조선 도공 심수관을 방문하여 그의 이야기를 직접 들어보았습니다.

유럽, 차이나에 열광하다

마르코폴로가 동방을 다녀온 실크로드를 통해 중국의 비단과 도자기는 유럽으로 흘러 들어갔습니다. 특히 도자기 중에서 푸른빛이 감도는 명나라의 청화백자는 하얀 금이라 불리며 당시 유럽의 저택과 맞먹을 정도로 값이 비쌌습니다. 하지만 유럽은 1300도 이상의 고온에서 구워지는 도자기를 만들 기술이 당시엔 없었습니다. 그 아래 온도에서 만들어지는 자기나 유리 등의 집기만을 자체 생산하고 있었습니다. 그래서 유럽은 그 비싼 물품을 사기 위해 그들이 아메리카 신대륙에서 힘겹게 채굴한 은을 중국에 대량으로 갖다 바쳤습니다. 수요와 공급이 안 맞는 시장이었습니다. 17세기 말 중국 청나라의 강희제, 옹정제 시절은 유럽과의 이런 도자기 무역만으로도 부강할 수 있던 것이었습니다.

결국 도자기 공급을 늘려야 하는데 그러려면 유럽에서 기술력을 높여 도자기를 자체 생산하거나, 중국 도자기에 버금가는 퀄리티를 가진 해외 공급처를 추가로 찾는 수밖에 없었습니다. 그래서 나라마다 왕실이 앞장서서 도자기 개발에 박차를 가하는데 그들 중 가장 먼저 성공한 지역이 독일의 마이센이고 그때가 1708년이었습니다. 드레스덴을 통치하던 강성왕이라 불린 아우구스트 2세가 고용한 연금술사 출신 뵈트거가 유럽 1호 도자기를 마이센 지역 가마에서 구워낸 것입니다. 그리고 드레스덴 옆 작은 마을이었던 마이센은 도자기를 원산지인 차이나라고 부르듯이 그 지역명이 곧 브랜드가 되었습니다. 오늘날까지도 유럽 최고의 도자기로 평가받는 마이센이 된 것입니다.

그 마이센 뒤로 유럽 각 나라에서 후발 주자로 비엔나(오스트리아, 1718), 세브르(프랑스, 1756), 로열코펜하겐(덴마크, 1775), 헤렌드(헝가리, 1826) 등의 명품이 줄줄이 태어났습니다. 바야흐로 유럽의 도자기 시대가 열린 것입니다. 모두 다 지역명입니다. 잘 알려진 영국의 웨지우드(1759)나 로열덜튼(1815)은 소뼈를 갈아 넣은 본차이나이기에 같은 도자기라도 계보가 다릅니다. 뼛가루가 들어가서 강도가 세고 가벼우면서도 질긴 도자기가 되었습니다. 브랜드 네임도 탄생 지역명이 아닌 창업자의 이름을 따랐습니다. 영국은 언제나 특이하니까요. 그런데 이 본차이나도 역시 아메리카 신대륙에 영향을 주었는데 그 도자기에 들어가는 소뼈를 구하기 위해 북미의 들소인 버펄로가 대량으로 희생이 되었습니다. 그 소는 인디언의 식량이기도 했습니다. 북미에선 들소가, 남미에선 은이 도자기를 위해 유럽에도 가고 아시아까지 간 것입니다.

유럽, 야키에 열광하다

공급 확대를 위한 또 다른 대안인 신흥 공급지로는 일본이 떠올랐습니다. 그래서 17세기 초부터 일본의 도자기가 유럽에 흘러 들어갔는데 이 도자기에 유럽인들이 브라보를 외쳤습니다. 그런데 그 도자기를 만든 도공은 일본인이 아니었습니다. 바로 이 글에 등장하는 사람들, 임진왜란이 끝나고 일본으로 끌려간 우리 조선의 도공들이 유럽으로 가서 이름을 날린 그 일본 도자기인 야키ya〔焼〕ki를 만든 사람들이었습니다. 이것은 마치 훗날 일제시대인 1937년 베를린 올림픽에서 일장기를 가슴에 달고 마라톤에서 금메달을 딴 조선의 손기정 선수를 떠오르게 하는 이전의 역사입니다. 조선의 도공들이 일본 땅에서 세계에서 인정받는 메이드 인 재팬 도자기를 만들어낸 것이니까요. 아마도 그들이 일본에 잡혀가지 않고 조선에 있었다면 우리 도자기가 메이드 인 코리아란 이름으로 그 시절 유럽에 갈 일은 없었을 것입니다.

이때 일본에서 도자기를 수출할 때 그것을 싼 포장지에 그려진 우키요에도 유럽에 함께 들어갔는데 그것 또한 유럽의 예술가들에게 깊은 인상을 주었습니다. 특히 인상주의 계열 화가들에게 어필되었습니다. 그들 눈에 도자기를 비롯한 동양의 것들은 웬만하면 신비

역대 심수관 가문이 제작한 명품 도자기. 가고시마 심수관요 박물관

해 보일 수밖에 없었는데 다소 만화 같은 화려한 우키요에는 세상에서 처음 보는 이국적인 스타일의 그림이었을 것입니다. 고흐, 고갱, 마네, 드가, 로트레크 등의 화가들이 그것에 반하여 그들 작품에 우키요에를 차용하였습니다. 유럽 예술계에 도자기에서 시작된 자포니즘Japonism의 바람이 분 것입니다.

일본 도자기에서 유럽으로 우키요에가 페어로 들어갔다면 먼저 진출한 중국 도자기에선 차가 페어로 들어갔습니다. 중국의 차는 유럽인에게 매혹적인 음료였으니까요. 특히 영국인은 바다 위 배 속에서 오랜 이동 시간 중 산화되어 검어진 이 차에 열광해 티타임이란 시간과 용어가 만들어질 정도로 도자기는 물론 차 사랑에 빠졌습니다. 홍차를 영어로 레드티가 아닌 블랙티라고 부르는 이유입니다. 하지만 이 찻값도 만만치 않아 결국 영국인은 차의 해외 유출을 엄격히 통제하던 중국에서 몰래 차 종자를 빼내와 그들의 식민지인 인도 본토와 실론섬에서 차 재배에 성공하였습니다. 그 이전 고려말 우리의 문익점이 목화씨를 붓두껍에 넣어 중국에서 빼오던 것과 같은 전설적인 수법이 동원되어 '홍차의 꿈'이라 불리는 실론티가 탄생한 것입니다.

사쓰마야키의 이름, 심수관

이 글은 이 책의 '복수는 우리의 것(세키가하라 전투)'와 연관성이 있는 글입니다. 2023년 2월 메이지 유신의 고향으로 가고시마를 답사했을 때 그곳에 있는 일본 도자기의 유력 발생지도 이어서 답사를 했기 때문입니다. 또한 이 글은 그 글처럼 가고시마현의 맹주로 지난 천 년 가까이 그 지역에서 권세와 부를 누리며 살고 있는 시마즈 가문과도 역시 또 관련이 있습니다. 그 글에서 1598년 크게 보면 임진왜란, 쪼개서 보면 정유재란의 마지막 전투인 노량해전에서 당시 오늘날 가고시마현인 사쓰마번의 다이묘인 시마즈 요시히로가 이순신 장군을 대적하는 적장으로 참전해 우리 역사와 관련이 있다고 했는데, 그는 그 침략 전쟁에서 조선의 도공과도 관련이 있어서 그렇습니다. 역시 또 나쁘게 관련이 있었습니다. 패전으로 귀국하며 그냥 돌아가지 않고 심당길과 박평의를 비롯한 조선의 도공 43명을 귀국하며 납치해 갔기 때문입니다.

그들 중 본명이 심찬沈讚인 심당길은 본관이 경상도 청송이지만 경기도 김포에 살았고 난리통에 병사로 참전해 전라도의 남원 전투에서 포로로 붙잡혀 끌려갔습니다. 그래서 지금 조선은 사라지고 대한민국이 된 우리나라에 세 군데 연고가 있는 그의 집안입니다. 시마즈 요시히로는 심당길과 조선 도공을 그의 영지인 사쓰마번으로 끌고가 그의 계획대로 멋지게 도자기 개발에 성공했습니다. 오늘날 사쓰마야키薩摩焼라 불리는 가고시마 도자기의 원조가 되게 한 것입니다. 그 이전에 일본엔 도자기가 없었습니다. 역시 위에서 설명한 유럽의 예처럼 1300도 이하에서 구워지는 자기는 만들어도 그 이상의 고온에서만 가능한 도기를 만들 기술이 없었다는 것입니다.

우리에게 심당길의 후손으로 잘 알려진 심수관과 관련해서는 국내 언론 기사와 여러 문건에서 다루어 많은 이야기가 나오지만 이 글에 소개되는 이야기는 2023년 2월 초 그의 공방인 심수관요沈壽官窯

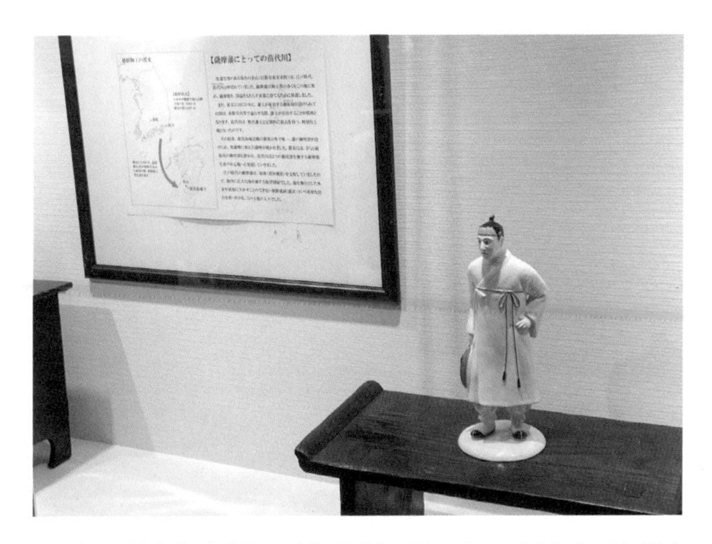

1598년 사쓰마번의 번주인 시마즈 요시히로에 의해 끌려온 조선 도공 심당길. 가고시마 심수관요 박물관

를 방문했을 때 현재 심수관을 통해 직접 들은 이야기입니다. 심수관은 그 가문이 만든 도자기의 브랜드 네임이자 적통 후계자가 된 도공에게 붙여주는 세습 이름입니다.

현재 가고시마 히오키시日置市에 있는 심수관요를 총지휘하는 심수관은 15대 후손으로 그의 한국 이름은 심일휘沈一輝입니다. 명문 와세다 대학교 교육학부를 졸업하고 교토와 이탈리아, 그리고 우리나라에서 도자기 공부를 한 도자기 장인입니다. 우리나라에선 전

2023년 현재도 불타오르고 있는 심수관요 내 전통 방식의 도자기 가마

통 김칫독의 비밀을 풀고 만드는 법을 배우기 위해 30대 초 경기도 이천에서 1년간 공부를 하고 돌아갔다고 했습니다. 그의 말로는 이천의 그 가마터는 하도 열악해 화장실도 없어 야외에서 따로 볼일

을 해결할 정도로 고생을 했다고 합니다. 그는 조상의 나라 조국을 더 알기 위해 서울의 대학원 진학까지 타진했지만 면접 시 학교 고위 관계자의 돌발성 발언으로 그 계획은 접었다고 했습니다. 이유는 뒤에서 밝히겠습니다. 본래 기자를 꿈꾸던 그였지만 결국 일본인 어머니의 권유로 그는 가업인 도공의 길을 택했습니다. 아마 그렇게 그의 아들도 16대 심수관이 될 것입니다. 아, 두 아들 중 상남으로 결정되었다고 합니다.

조선 도공, 우대받다

1598년 사쓰마번의 다이묘 시마즈 요시히로는 납치해 간 조선의 도공들에게 매우 뜻밖의 대우를 해주었습니다. 아주 후한 대우를 해준 것입니다. 그들 조국 조선에선 도자기를 구우며 군역을 비롯한 각종 부역에 시달리게 하면서도 농자는 천하지대본이라고 농민을 우대하고 그들과 같은 상공인은 천대했는데 일본에선 도자기 굽는 일에만 전념하게 하고 계급도 조선처럼 하층민이 아니고 성과에 따라 평민도 아닌 지배 계급인 사무라이 계급까지 올라갈 수 있게 해준 것입니다.

아울러 시마즈 가문은 그들을 조선과 똑같은 환경에서 살게 하였습

유럽인이 열광했던 심수관 가문의 화려한 사쓰마야키. 가고시마 심수관요 박물관

니다. 조선말을 쓰고, 조선 사람끼리 결혼하게 하고, 조선의 풍속을 그대로 지키게 하였습니다. 최적의 도자기 생산을 위해 환경을 거스르지 않겠다는 번주의 판단이고 결정이었습니다. 결국 심당길은 그의 고국 조선과는 물과 토양이 다른 일본이지만 그런 최적의 작업 환경에서 도자기를 굽는 데에만 열중해 결국 성공을 이루었습니다. 세계적인 명품 사쓰마야키가 조선 도공에 의해 탄생한 것입니다.

일본 도자기의 신

도공을 잡아간 다이묘는 사쓰마번의 시마즈 요시히로만이 아니었

15대 심수관(심일휘)의 도자기 작품. 심수관요 전시장

습니다. 왜장은 다들 조선의 도자기에 눈독을 들였는지 사쓰마번과 가까운 오늘날 사가현의 번주인 나베시마 나오시게도 귀국 길에 무려 150여 명의 도공을 잡아갔습니다. 그들 중엔 훗날 일본 도자기의 신으로 추앙받게 된 어린 이삼평이 끼어 있었습니다. 그 역시 번주의 환대를 받으며 사가번의 아리타에서 원료인 고령토를 찾아내

고, 가마를 짓고, 도자기 선진국인 중국의 기술을 접목해 아리타야키有田焼라는 명품 도자기를 탄생시켰습니다. 일본 도자기가 중국 도자기와 다른 것은 우키요에에서도 보이는 일본 특유의 화려한 색감을 도자기에 입혔다는 것입니다. 이것이 당시 로코코 취향이 강세였던 유럽인을 열광시킨 것입니다.

이 아리타야키는 근처 이마리 항구에서 유럽으로 선적되어 팔려나갔기에 이마리야키伊万里焼라고도 불립니다. 즉 아리타야키와 이마리야키는 같은 도자기로 이 도자기는 그때부터 사쓰마야키 이상 가는 일본을 대표하는 명품 도자기 브랜드가 되었습니다. 같은 도자기인 아리타와 이마리는 유럽 도자기의 태동지인 독일의 마이센과 드레스덴의 구조와 비슷합니다. 18세기 초 마이센에서 제작한 마이센 도자기가 근처 대도시인 드레스덴에서 유통되어 전 유럽으로 판매되었듯이, 아리타에서 만든 도자기는 근처 이마리 항구에서 막부가 있는 혼슈나 멀리 유럽으로 팔려나갔습니다.

돌아가지 않는 이유

이들 이외에도 훨씬 더 많은 조선의 도공들이 임진왜란 시 일본으로 끌려갔습니다. 이삼평과 함께 사가번으로 끌려간 조선 도공의 어머니인 백파선과 그의 아들 종해, 오늘날 나가사키현인 히라도번으로 끌려간 거관과 김구영, 사가현이 된 가라쓰번으로 끌려간 우칠, 후쿠오카현인 지쿠첸으로 끌려간 팔산, 구마모토현인 고쿠라번으로 끌려간 존해, 그리고 규슈 지역이 아닌 혼슈의 오늘날 야마구치현인 조슈번의 번주 모리 데루모토에 의해 훗날 메이지 유신의 태동지가 된 하기 마을로 끌려간 이작광과 이경 형제 등 셀 수 없이 많은 조선의 도공들이 일본으로 끌려갔습니다. 보듯이 규슈 지역은 거의 조선의 가마가 장악할 정도로 각 번마다 많은 조선의 도공들이 자리를 잡았습니다. 완전하게 일본인이 된 이들의 후손들도 오늘날 모두 그 지역에서 명성을 떨치는 도자기 브랜드를 가지고 있습니다.

한마디로 일본은 조선 도자기 산업의 씨를 말렸습니다. 임진왜란의 커다란 후유증입니다. 그 왜란 후 조선의 거의 모든 가마의 불씨는 꺼졌다고 봐도 무방할 것입니다. 아마도 그 왜장들은 귀국 시 잘라간 조선 병사의 귀보다 끌고 간 도공들을 최고의 전리품으로 여겼을 것입니다. 임진왜란 후 조정에서 제사 지낼 제기가 부족하여 징발할 정도로 조선의 도자기 사업은 초토화되었습니다. 중국과 더불어 도자기에서 한가락 하던 우리 민족의 고려청자와 조선백자의 맥이 그 시점엔 끊어진 것입니다.

2023년 2월 삼성그룹의 리움미술관에선 의미 있는 전시회가 열렸습니다. 그렇게 그 시점 전멸하다시피 한 조선백자들을 모아 사상 최대의 규모와 최고의 작품만으로 전시를 하고 있기에 그렇습니다. 우리나라엔 도자기 국보와 보물이 59점 지정되어 있다는데 그중 31점이 이 전시회에 등장한다 하니 가히 대단한 도자기 대전임이 틀림이 없습니다. 이름하여 〈조선의 백자, 군자지향〉 전시회입니다. 국내와 일본의 15개 미술관과 박물관에 있던 185점의 조선 도자기들이 이 전시회를 위해 서울 이태원에 조심스럽게 모여들었습니다. 그 리스트엔 유럽인이 그토록 열광했던 조선 초기의 청화백자도 들어있습니다. 사진의 도자기가 그것으로 그 전시의 선두에 놓였습니다. 이런 우리 조선의 도자기가 더 성장하지 못하고 임진왜란으로 인해 주저앉고 일본으로 이동한 것은 대단히 안타까운 일이라 하겠습니다. 아니, 그전에 세계 시장에서 인정받지 못한 것부터 안타깝다 해야 할 것입니다.

유감스럽게도 임진왜란 후 포로 교환을 비롯한 전후 협상 시 잡혀간 도공들 중 조선으로 돌아온 사람은 기록상 없는 것으로 알려져 있습니다. 그 조선정벌에 참전하지 않은 도쿠가와 이에야스는 도요토미 히데요시 사후 전국시대 최후의 승자가 되어 1603년 에도에 막부를 열며 조선과의 국교 재개를 위해 애를 썼습니다. 그러므로

리움미술관 〈조선의 백자, 군자지향〉에 등장한 조선 초기의 청화백자 매죽문 호(국보 219호)

당시 전후 협상은 조선에게 유리하게 진행되었을 것입니다. 즉, 잡혀간 도공들을 다시 귀국시킬 수 있는 분위기였다는 것입니다. 일본의 도조가 된 이삼평의 경우는 조선에서 직접 건너가 귀국을 설득했다는 설도 있습니다. 하지만 그들은 귀국은커녕 오히려 고향에 있는 남아있는 도공을 일본으로 데려오기까지 했습니다. 일본에서의 작업 환경과 대우가 워낙 좋고 돌아갈 시 보복이나 후환이 두려워서도 안 돌아갔을 것입니다. 실제 포로 귀환자들 중엔 조선 땅을 밟기도 전에 바다에 던져진 이도 있었다고 합니다.

이것은 임진왜란에 이어서 1637년 청나라에게 당한 병자호란 시 화냥년의 유래인 환향녀還鄕女를 생각나게도 하는 대목입니다. 당시 청에서 조선으로 돌아온 여인들은 강제 이혼을 당하고, 수난 속에 살거나 죽음을 강요받기까지 하였습니다. 이런 분위기라면 인간은 생존본능이나 생활본성이 우선하기에 조국이라도 그를 박대하고 죽인다면 조국에 기대거나 충성을 하는 것은 그 누구라도 힘들 것입니다. 그것은 조국 아니 조국의 또 할아버지라도 마찬가지일 것입니다. 1607년 조선은 통신사를 에도에 파견해 조선과 일본의 국교는 다시 정상화되었습니다.

일본 근대화의 씨앗

일본의 조정이나 다이묘들이 조선의 도공들을 우대한 것엔 분명한 셈법이 있었습니다. 도자기 예술에 대한 식견이 뛰어나서라기보다는 그들에게 이익을 안겨주기에 그렇게 한 것입니다. 그 당시 일본에 도자기는 없어도 사무라이의 문화인 다도는 발달했기에 도자기 선진국인 중국이나 조선의 도자기는 훌륭한 선물용품이었습니다. 유력 다이묘나 중앙 막부의 쇼군에게까지 선물이나 진상용으로 최상의 물품이었다는 것입니다. 그들이 조선 침공 시 그들 눈엔 다도의 찻잔으로 보이는 막사발을 일반 집에서 거의 개밥그릇으로 사용하는 것을 보고 매우 놀랐다고 합니다. 그래서 전란의 주범인 도요토미 히데요시는 그것에 매료되어 사발이나 주발을 닥치는 대로 쓸어 담게 하고 아울러 도공까지 납치하라고 한 것이었습니다. 조선의 그 사발은 후에 일본 다도의 명품 다완이 되었습니다.

또한 도자기는 외적으로도 유럽 상류층이 열광하는 최고의 수출품이라는 것을 알고 있었기에 그들은 조선 도공을 끌고 갔습니다. 이미 임진왜란 전인 16세기 중엽부터 포르투갈이 주도한 서양의 기독교가 일본에 포교되면서 일본 연안엔 유럽 각국의 상선들이 출입하고 있었으니까요. 1851년 런던 만국박람회를 시작으로 엑스포 시대가 열리면서 일본은 이후 1867년 파리, 1873년 비엔나 엑스포 등에 파빌리온을 짓고 도자기를 출품해 유럽과 미국의 격찬과 함께 많은 판매고를 올렸습니다. 위에서 등장한 손기정 선수가 베를린 올림픽에서 금메달을 받았듯이 그때는 물론 이어진 엑스포에서도 일본의 도자기는 계속해서 금메달과 대상을 수상했습니다. 도자기 선진국인 중국의 인기를 추월한 것입니다.

직접 도슨트가 되어 전시물을 설명하는 15대 심수관 심일휘 도공. 심수관요 박물관(2023. 2. 11)

특히 심수관과 박평의 가문의 사쓰마번은 돌아가는 길에 사쓰마야키의 판매 대금으로 네덜란드에서 군함을 살 정도로 일본의 부국강병에 기여를 하였습니다. 갈 때는 도자기를 싣고 가서 팔아, 올 때는 군함을 쇼핑해서 타고 온 것입니다. 이렇듯 조선의 도공들이 만든 일본의 도자기는 1868년 시작된 메이지 유신의 훌륭한 자금원이 되었습니다. 일본의 근대화에도 기여를 한 것입니다. 즉, 일본인들이 보았을 때 도자기는 이래저래 국내외용으로 필요하고 돈이 될 것을 예견했기에 그렇게 처음부터 조선 도공에게 공을 들였던 것입니다.

그런데 15대 심수관에 의하면 사쓰마번의 시마즈 가문의 경우 조선 도공들에게 조선말을 쓰게 하고 결혼도 조선인끼리 하라고 했던 것엔 다른 이유도 있었다고 합니다. 조선과의 통상 시 전문적인 통역을 위해서라도 그들에게 조선말을 잊지 않게 했다는 것입니다. 당시 조선엔 도자기 산업이 거의 전멸했으니 조선인이 일본에서 만든 도자기는 이후엔 반대로 조선으로 수출이 되기도 했을 것입니다. 또한 꼭 도자기가 아니더라도 조선과의 통상 시 통역은 필요하니 그런 용도를 위해서라도 조선어를 존속시켰다는 것입니다. 격차가 더 벌어진 개화기엔 조선 왕실이 일본에서 도자기를 수입해서 쓸 정도로 양국의 도자기 상황은 역전이 되었습니다.

15대 심수관 심일휘

심수관요의 박물관에선 우리 일행이 투어를 할 때 15대 심수관이 직접 나와 유능한 도슨트가 되어 차분하고 친절하게 그의 선조 때부터 내려온 작품들에 대해 설명을 해주었습니다. 그리고 투어가 끝나자마자 곧바로 그의 강연이 이어졌습니다. 사실 우리 일행은 그것까지는 예상하지 못했는데 그가 같은 동포로써 우리에게 뭔가의 필을 받았는지, 아니면 박물관 투어 때 우리의 진지한 태도와 자세를 좋게 보았는지 그는 공방에 있는 별도의 강의실에 우리를 집

심수관요에서 진행된 15대 심수관의 열정적인 강연

합시켰습니다. 아니 감사하게도 초대를 해주었습니다. 그곳에서 1시간 가까이 이어진 그의 강연은 조금 전 박물관에서 쓰고 있던 마스크를 벗어서 달라 보이는 그의 얼굴 모습만큼이나 다르게 진행되었습니다. 원고도 없이 예의 거침없이 자신감 묻어나는 크고 높은 톤의 목소리로 열정적으로 그는 그가 하고 싶은 말을 다 쏟아냈습니다. 우리가 알고 있는 통상의 예술가와는 달리 달변이고 유머감도 매우 뛰어났습니다. 유쾌한 심수관입니다.

그는 아버지는 한국인이고 어머니는 일본인이라고 하였습니다. 한국은 아버지의 나라이고 일본은 어머니의 나라로, 조국祖國은 한국이고 모국母國은 일본이라고 했습니다. 그래서 심일휘라는 한국 이름도 있고 오사코 가즈데루라는 일본 이름도 가지고 있는 그입니다. 그는 그런 자신을 트랜스내셔널transnational이라고 표현하였습니다. 15대를 내려오며 아리타야키의 이삼평 가문처럼, 또는 같은 사스마야키의 동업자이자 경쟁자였던 박평의 가문처럼 어느 시점 자연스레 일본으로 동화되거나, 아니면 이쪽저쪽도 아닌 경계인으로 살 법도 한데 심수관은 확실하게 그의 자아 안에 2개의 국가를 가지고 트랜스내셔널인으로 살고 있다는 것이었습니다. 한국과 일본, 이국인二國人으로써 어느 한쪽에 쏠리지 않고 초국가인超國家人으로 살고 있다는 것입니다.

위에서 15대 심수관은 국내 대학원 진학을 하려다 포기했다고 했습니다. 이유는 당시 학교 고위 관계자가 면담 시 그에게 말하기를 그간 쌓여있던 한恨은 다 잊어버리라고 해서 그랬다는 것이었습니다. 그는 그 순간 매우 당혹스러웠다고 했습니다. 왜냐하면 그에겐 쌓인 한이 없어서였습니다. 그의 선조 심당길은 400여 년 전인 임진왜란 때 부모형제와 고향산천을 뒤로하고 낯선 일본으로 끌려와 대우는 좋았어도 그랬을지 모르겠지만, 그는 그로부터 400여 년 후 평화로운 시절 태어나 유복한 집안에서 좋은 교육을 받으며 편하게

가고시마 히오키 시에 있는 심수관요 입구. 대문 안쪽으로 태극기와 일장기가 언뜻 보인다.

자랐으니 그것은 당연할 것입니다. 하지만 이후 나이가 들고 심수관이라는 무게감 있는 세습명을 가지고 조국을 드나들며 그의 뿌리도 찾고 하니 이젠 그 말도 이해가 된다고 했습니다. 일본을 대하는 한국과 한국인을 더 이해하게 된 측면도 작용했을 것입니다. 물론 그의 국적은 일본입니다.

그렇게 15대를 내려오면서까지 흔들리지 않는 정체성으로 조국인 대한민국을 잃지 않고 심씨 성姓을 고수하며 살아왔기에 일본에 잡혀간 그 많은 조선의 도공들 중 심당길의 후손인 심수관만이 현재

심수관요 안에 위치한 주가고시마 대한민국 명예총영사관

우리나라와 특별한 관계를 맺고 친밀하게 지내고 있을 것입니다. 그의 자아 안에 한국과 일본 두 나라가 모두 들어있는 15대 심수관은 그의 아버지인 14대 심수관에 이어 주가고시마 대한민국 명예총영사가 되어 한일 간 도자기를 통한 민간 외교의 선봉에 서고 있습니다. 태극기와 일장기가 나란히 걸려 있는 그의 공방 내에는 영사관 사무실도 위치하고 있었습니다.

그날 심수관요엔 과거 심수관의 조상인 심당길을 조선에서 잡아간 시마즈 가문의 후손도 있었습니다. 그 당시 그들은 적대적이었고,

이후 일본 역사의 어느 시점까지 내내 상하 주종관계였겠지만 지금은 서로 동등한 친구가 된 듯해 보였습니다. 두 집안 모두 가고시마의 유력 가문으로 살고 있을 것입니다. 그날 심수관과 시마즈는 과거 선조 시절의 얘기를 하는지 웃으면서 '납치'라는 말을 농담 투로 주고받기도 했습니다. 15대 심수관은 불행한 과거를 가진 한국과 일본도 그렇게 과거를 청산하고 평화로운 관계로 함께 번영하기를 희망할 것입니다. 총영사로 임명될 때 그는 인터뷰에서 한국에게는 일본 친구를, 일본에게는 한국 친구를 한 명이라도 더 만들어 주는 것이 그의 역할이라고 하였습니다.

TAKEOUT 4

현재를 이룬 과거의 풍경들

도쿠가와 막부의 시작과 끝

이 섬이 수상하다

근대를 향해 열린 문

도쿠가와 막부의 시작과 끝

시즈오카 静岡

에도에 막부를 연 초대 쇼군 도쿠가와 이에야스가 쇼군으로서 그곳에 머문 기간은 2년에 불과합니다. 그는 자리에서 내려와 상왕으로 11년을 더 살았습니다. 그가 말년을 보낸 곳은 슨푸성으로 오늘날 중부 지방의 시즈오카입니다. 그가 대망을 꿈꾼 곳으로 가장 애정하는 도시였기 때문입니다.

그가 죽고 250여 년 후 그곳에 또 한 명의 쇼군이 말년을 보내러 왔습니다. 반강제로 퇴위한 마지막(15대) 쇼군 도쿠가와 요시노부입니다. 이렇듯 도쿠가와 막부는 시즈오카에서 시작하고 끝났습니다.

생각보다 큰 나라

2023년 추석 연휴 기간 동안 일본 가족 여행을 하였습니다. 현지에서 버스가 아니라 철길을 따라 이동하는 기차 여행이었습니다. 시작점은 규슈의 나가사키로 그곳에서 북상하며 혼슈 북단의 아키타까지 종단했습니다. 코로나 영향으로 아직까지 나가사키 공항이 닫혀 있어 후쿠오카 공항을 이용해 기차로 남쪽 나가사키로 내려갔다가 그곳에서 같은 길로 다시 북상하며 진행한 여행이었습니다. 아마 코로나 이전처럼 규슈 남쪽 끝인 가고시마까지 비행기가 운항을 했더라면 최남단인 그곳을 시작점으로 온전하게 규슈와 혼슈를 종단했을 것입니다. 더 나아가 시간이 되고 여유가 있었다면 최북단 홋카이도까지 완벽하게 남북 종단을 했을 것입니다. 규슈와 혼슈(기타큐슈에서 시모노세키), 혼슈와 홋카이도(아오모리에서 하코다테)는 바닷속 해저 터널로 철도가 연결되어 있어 기차만으로도 여행이 가능합니다.

유럽의 유레일패스처럼 외국인에게만 저렴하게 판매가 허용되는

JR패스가 있어 가능했던 여행이었습니다. JR패스는 유레일패스처럼 페리 승선도 허용이 되어 둘째 날엔 히로시마 근교 미야지마의 이쓰쿠시마섬 바다 위에 떠있는 신사를 답사할 때 그 패스로 배를 타고 섬으로 들어갈 수 있었습니다. 19세기 말 근대화가 되면서 곧바로 철도망을 촘촘히 구축했기에 고속열차 신칸센을 비롯하여 다양하게 연계된 기차로 어디든 못 갈 곳이 없는 일본입니다. 그 철도의 위력을 일찍이 알아서인가 일본은 20세기 초 제국주의 시절 한반도를 비롯하여 만주 지역까지 철도 부설에 열을 올렸습니다. 당시 도쿄에서 출발해 기차로 시모노세키까지 가서 부관페리(관부연락선)를 타고 부산을 거쳐 기차로 경성까지 도달하는 데에는 60시간이 걸렸다고 했습니다.

3일 차에 오사카를 출발한 고속열차 시즈오카현의 시즈오카시에 도착했습니다. 내리지 않고 도쿄까지 바로 갔다면 그 기차는 일본 제2의 도시 오사카에서 제1의 도시 도쿄까지의 약 500km의 거리를 최단 2시간 27분에 직행했을 것입니다. 호기심이 발동해 규슈의 남쪽 끝 가고시마에서 홋카이도의 중심지 삿포로까지 검색해 보니 그 거리는 무려 2,300km나 되고 최단 시간이라 해도 기차로는 15시간 30분이나 소요되는 것으로 나왔습니다. 그 전날만 해도 저는 규슈의 나가사키에서 혼슈의 히로시마를 거쳐 오사카까지 720km에

달하는 거리를 기차로 이동하였습니다. 그 거리는 우리나라 경부선과 경의선 철도를 이어 붙인 남쪽 끝 부산에서 북한의 신의주까지의 거리인 700km와 비슷하니 새삼 길고도 큰 땅을 가진 일본이라는 생각이 들었습니다. 과거 길이 없는 곳이라 하여 쳐다보지도 않았던 홋카이도만 해도 그 면적이 8만 3천여 km^2로 우리 남한 면적의 5/6에 달하니까요.

도쿠가와 이에야스가 낙점한 슨푸

오사카에서 단번에 도쿄까지 가지 않고 시즈오카에서 내린 것은 그 도시에 전국시대 일본을 통일하고 에도에 막부를 연 도쿠가와 이에야스의 유적지가 있어서 그것을 답사하기 위함이었습니다. 시즈오카는 오사카에서 도쿄 방향으로 2/3 지점에 위치한 도시로 그 1/3 지점엔 잘 알려진 나고야가 있습니다. 오사카로 대표되는 간사이關西 지방과 도쿄로 대표되는 간토關東 지방 사이에 있는 주부中部 지방의 주요 도시들입니다. 특히 주부 지방 중 그 두 도시가 있는 아이치현과 시즈오카현은 일본의 동쪽 바다를 끼고 있어 도카이東海 지방이라 불립니다. 사실 저는 시즈오카에 대해서는 전혀 몰랐었습니다. 당연히 첫 방문이기도 합니다. 하지만 이곳의 옛 지명이 슨푸라는 것을 듣는 순간 "아, 이곳이 바로 그곳"하며 제 머릿속엔 현재와 과거의 두 지명이 전류가 통해 연결되는 듯했습니다. 제 머릿속에 이름도 요상해 더 잘 기억되어 있는 슨푸성은 전국시대를 휘젓고 다니던 3인방 중 막내 격인 도쿠가와 이에야스의 본거지로 입력되어 있기에 그랬습니다.

그 시대 나고야가 오와리라 불리고 도쿄가 에도라 불렸던 것처럼 일본 역사엔 이렇게 과거 지명이 빈번하게 등장해 따로 챙겨야 현재 지명과 위치를 알 수 있습니다. 메이지 유신 후 신정부 내 실권자인 오쿠보 도시미치와 기도 다카요시가 일본의 국토지리명을 통째로 바꾼 판적봉환과 폐번치현을 실시한 결과입니다. 판적봉환은 도쿠가와 막부 시절 중앙의 쇼군과 지방의 다이묘들이 가지고 있던 토지와 사람의 지배권을 원 주인인 천황에게 반납하게 한 조치이고, 폐번치현은 그때 다이묘들이 다스렸던 지방 행정의 기본인 번을 폐지하고 오늘날까지 내려오는 현으로 바꾼 정책입니다. 막부 체제하에서 권세를 누리던 사무라이들을 치기 위함이었습니다. 그렇게 대대로 세습 권력을 누리며 번주들이 다스렸던 지방은 새로운 구획과 이름으로 정리되며 중앙에서 내려보낸 공무원이 다스리는 나라로 바뀌었습니다.

도쿠가와 이에야스는 오늘날 아이치현인 나고야 근방의 오카자키

전국시대 3인방의 최종 승자로 쇼군에 오른 도쿠가와 이에야스 | 우타가와 요시토라 | 1873

에서 태어났습니다. 하지만 그가 고향에서 산 기간은 얼마 되지 않습니다. 20대 이전의 유년기와 소년기를 모두 부모 슬하를 떠나 인질로 점철된 삶을 살았기 때문입니다. 오카자키 성주였던 아버지(마쓰다이라 히로타다)가 힘이 약한 다이묘라 서쪽으로는 나고야인 오와리국의 맹주인 오다 가문과 동쪽으로는 슨푸의 실력자인 이마가와 가문 사이에 끼어서 눈치를 보며 살았기 때문입니다. 그래서 도쿠가와 이에야스는 오다 가문에서 2년을 인질로 잡혀 살고 8세부터 19세까지 11년 동안은 이마가와 가문에서 인질로 잡혀 살았습니다. 그의 아버지가 이마가와 가문에 의탁하며 살았기 때문입니다. 그렇다고 그가 노예처럼 산 것은 아니고 그들 집안에서 대우를 받으며 학문과 무예를 익히며 힘을 키우며 살았습니다. 이마가와 가문 쪽 여자와 결혼도 하였습니다.

도쿠가와 이에야스가 첫 인질 생활을 한 오다 가문의 다이묘(오다 노부히데)의 아들이 바로 전국시대 3인방 중 맏형 격인 오다 노부나가였습니다. 노부나가가 9년 위이지만 어릴 때부터 둘이서 잘 알 수밖에 없는 사이입니다. 당시 반역과 배신이 난무하던 전국시대에 이런 인질은 다반사였습니다. 특히 인질의 또 다른 성격인 결혼과 입양도 숱하게 벌어져 각 다이묘 간엔 촌수가 복합적으로 뒤엉켜 따지기 힘들 정도였습니다. 이에야스의 경우 장남은 노부나가의 딸

에도 입성 전 도쿠가와 이에야스의 본성인 시즈오카의 슨푸성

과 결혼시켰고 차남은 도요토미 히데요시에게 양자로 보냈습니다. 본인은 히데요시의 여동생과도 결혼했습니다. 물론 측실입니다. 노부나가의 죽음으로 새로 주군이 된 히데요시의 결정이기에 결혼을 당했다는 것이 정확한 표현일 것입니다. 히데요시는 집안에 보낼 여자가 없었는지 결혼해서 잘 살고 있는 여동생을 강제로 이혼까지 시키며 그 결혼을 성사시켰습니다.

도쿠가와 이에야스는 최초 주군인 이마가와 가문의 다이묘(이마가와 요시모토)가 노부나가를 스타로 만들어준 그 유명한 오케하자마 전투에서 죽자 그 가문을 배신하고 독립하여 이런저런 전투를 거치며 승승장구하여 전국시대 3인방의 위치까지 오르게 됩니다. 그때 이에야스는 그의 고향인 오카자키보다 그의 성장기를 보낸 슨푸에 애정이 많았는지 그곳을 안방으로 삼아 힘을 키워갔습니다. 오카자키성을 비롯해 그 도시와 슨푸 사이에 있는 하마마쓰성을 본거지로 삼기도 했습니다만 그가 최종적으로 정착한 곳은 슨푸성이었습니다. 그의 아버지는 슨푸의 이마가와 가문에 의탁하고 숨죽이며 살았는데 그곳에 인질로 잡혀간 아들이 장성해 그곳의 주인이 된 것입니다.

유배지에서 다시 시작하다

도쿠가와 이에야스는 1590년 일본을 통일한 도요토미 히데요시의 명에 의해 에도에 새로 자리를 잡았습니다. 히데요시가 그를 유일한 위협 세력으로 간주해 그를 가까운 곳에 두지 않고 당시는 촌에 불과한 저 멀리 에도로 보낸 것입니다. 하지만 이에야스는 그곳에서 신도시를 건설하고 힘을 키우며 그의 날이 오기만을 기다렸습니다. 이윽고 히데요시가 1598년 병사하자 그에게 기회가 왔습니다. 노부나가의 갑작스러운 죽음으로 히데요시가 권력을 잡았듯이 그도 그렇게 한 것입니다. 그들의 집권엔 죽은 주군의 아들을 보필해야 하는 가신의 임무를 헌신짝처럼 내팽개친 배신이 공통적으로 작

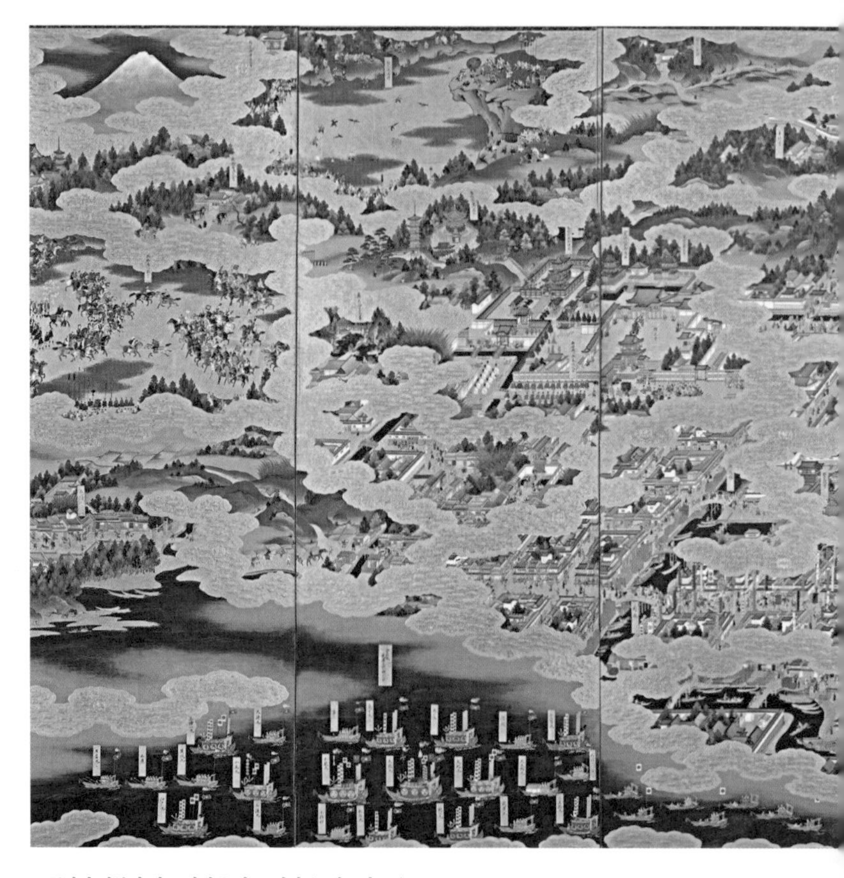

도쿠가와 막부의 에도 시대를 연 17세기 초 에도의 모습

용했습니다. 히데요시는 죽기 전 5명의 핵심 가신을 불러 어린 아들 히데요리를 부탁했는데 그들 중 하나가 이에야스였습니다. 그가 배신의 선두에 선 것입니다. 결국 이에야스는 1600년 대권의 분수

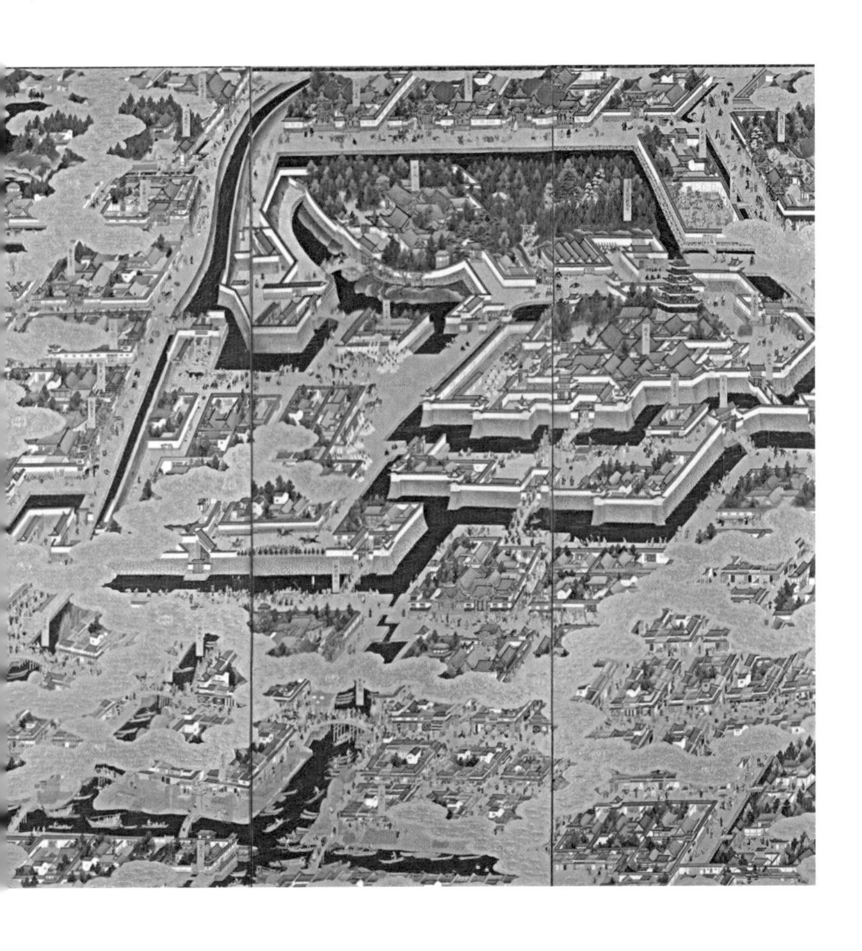

령인 세키가하라 전투를 승리로 이끌어 일본을 완전히 통일하고 천하인이 되었습니다. 앞에서 언급된 내용입니다.

1603년 그의 나이 60세 때 도쿠가와 이에야스는 교토의 천황으로부터 정이대장군征夷大将軍(세이이타이쇼군)으로 임명되었습니다. 줄여서 쇼군입니다. 그리고 에도에 막부를 열어 일본 정치의 중심을 교토와 오사카를 중심으로 한 간사이 지방에서 지금의 도쿄를 중심으로 한 간토 지방으로 옮겨놨습니다. 일본 역사에 가마쿠라 막부, 무로마치 막부에 이은 세 번째 막부인 도쿠가와 막부의 시대가 열린 것입니다. 그의 슨푸에 대한 애정 지수로 보아선 슨푸에 막부를 열 법도 했지만 그는 그의 이름을 걸고 새로 건설한 에도가 아까웠는지 그곳에 도쿠가와 가문의 시대를 열었습니다.

마음의 고향

에도에서 쇼군에 오른 도쿠가와 이에야스였지만 슨푸에 대한 그의 귀향병이 다시 도졌습니다. 그래서 그는 불과 취임 2년 만인 1605년 그 자리에서 내려와 마음의 고향인 슨푸로 돌아갔습니다. 그리고 슨푸에서 죽을 때까지 11년간 그의 여생을 보냈습니다. 마치 조선을 건국한 태조 이성계가 아들 태종 이방원과의 불화로 상왕과 태상왕이 되어 고향인 함흥으로 낙향한 것과 같이 이에야스도 그렇게 한 것입니다. 하지만 이에야스는 이성계와는 달리 실권을 그대로 가지고 있었습니다. 그리고 아들과의 불화도 없었습니다. 이에야스는 슨푸성에서 상왕을 뜻하는 오고쇼大御所란 직책으로 그의 가신들을 접견하며 정사를 돌보았습니다. 아직도 그가 할 일이 남아서였습니다.

도카가와 이에야스는 1614년 겨울에서 1615년 여름까지 이어진 오사카 전투를 노구를 이끌고 직접 참전해 지휘하였습니다. 1600년 세키가하라 전투 때 죽은 도요토미 히데요시를 따르는 다이묘들을 대거 숙청했지만 아직도 히데요시의 아들인 히데요리가 살아있기에 그를 따르는 무리들이 있어 후환을 없애기 위함이었습니다. 결국 이 전투에서도 승리해 손주 사위였던 히데요리와 그의 모친은 자결을 해 도요토미 가문은 지구상에서 사라졌습니다. 장기전이 예상된 공성전이 끝난 것은 이에야스가 화친 조약을 어겼기 때문입니다. 화친의 조건으로 히데요리 편은 난공불락인 오사카성의 해자를 메우기로 했는데 그 메워진 해자 위 굳은 땅으로 이에야스 군이 입성을 해 항복을 받아낸 것입니다.

이에야스는 전국시대 3인방 중 인내의 표상으로 곧잘 그려지지만 그 안엔 이처럼 많은 배신과 잔혹, 사기 행각 등을 벌여 최후의 승자가 되었습니다. 오사카 전투의 승리로 마지막 남은 후환인 주군이었던 도요토미 가문을 멸문시키고 마음이 놓였는지 그는 1년 후 슨푸성에서 눈을 감았습니다.

이에야스의 첫 무덤

시즈오카가 된 슨푸에서 방문한 도쿠가와 이에야스의 유적지는 그의 무덤이 있는 신사였습니다. 구노산久能山에 있어 구노산 동조궁이라 불리는 그의 무덤입니다. 하지만 이곳엔 그의 빈 무덤만 있고 실제 그의 유해는 도쿄 북단의 닛코 동조궁에 있습니다. 1616년 죽은 이에야스의 유언에 따라 1년만 슨푸에 있었고 이후 닛코로 이장을 한 것입니다. 그는 죽어서 에도 막부가 있는 간토 지방을 지키는 수호신이 되겠다고 했습니다. 신으로서 그가 거하는 장소를 가리키는 동조궁東照宮(도쇼구)도, 그가 묘지로 지정한 닛코日光도 다 해가 뜨는 동쪽의 햇빛과 연관이 있는 것으로 보아 그는 일본을 비추는 태양이 되고 싶었나 봅니다. 그런 이에야스를 무척이나 존경한 그의 손자 3대 쇼군 도쿠가와 이에미쓰는 닛코의 동조궁을 크고 화려하게 증축했습니다. 그리고 전국에 무려 500여 개의 동조궁을 지었습니다. 지금도 130개 정도가 남아있다고 합니다. 그러니 일본에서 동조궁이라 이름 붙은 곳이 있다면 그것은 이에야스의 신사입니다. 그의 가묘가 남아있는 시즈오카의 동조궁은 그 기원으로 인해 닛코 동조궁에 이어 많은 사람들이 찾고 있습니다.

도카가와 이에야스의 유해가 1년간 묻혀있었던 시즈오카의 구노산

도쿠가와 이에야스의 유해가 사후 1년간 묻혀있던 시즈오카의 구노산 동조궁. 뒤편 상단 구조물이 묘지

동조궁은 특이하게도 시내에서 니혼다이라라 불리는 구릉지 정상까지 차로 올라갔다가 그곳에서 반대편 아래쪽으로 케이블카를 타고 내려가야 도착하는 위치와 구조로 되어 있습니다. 시즈오카 시

시즈오카 스루가만에서 바라본 후지산 | 안도 히로시게 | 1858

내에서 니혼다이라 너머 반대편 구노산까지는 차로 돌아가기엔 거리가 멀어 그 구릉지를 가로질러 올라가서 내려가는 코스로 개발한 듯합니다. 아마 그 동조궁의 어려운 위치는 그 이름에 맞춰 일본의 동해 바다가 내려다보이는 곳에 조성했던 것으로 보입니다. 가는 길인 니혼다이라 구릉지에선 저 멀리 후지산이 보였습니다. 날이 안 받쳐주어 희고 뾰족한 정상까지는 보지 못해 아쉬웠지만 3,776m에 달하는 거산의 위용은 충분히 느낄 수 있었습니다. 과거 슨푸 시절 이에야스는 그 산을 매일 바라보았을 것입니다. 과거 영산이라 불리는 후지산은 여자들은 들어갈 수 없었습니다. 1868년 메이지 유신이 되면서 비로소 입산이 허용되었습니다.

마지막 쇼군의 귀향지

도쿠가와 이에야스의 유해가 1617년 슨푸를 떠난 후 251년이 지난 1868년 그가 살았던 슨푸성에 또 한 명의 쇼군이 입주하였습니다. 그는 도쿠가와 막부의 15대 쇼군으로 마지막 쇼군이 된 도쿠가와 요시노부였습니다. 1867년 유신이라는 시대의 흐름을 거역하지 못하고 천황에게 실권을 넘겨준 대정봉환의 당사자입니다. 그해 10월 그는 교토의 천황에게 쇼군의 사직서를 제출하고 그 자리에서 내려왔습니다. 동시에 이에야스가 창업한 도쿠가와 막부도 끝이 났습니다. 요시노부가 30세에 쇼군에 오른 지 1년 만에 일어난 일이었습니다. 그리고 이듬해 7월 그의 거처는 그 가문의 뿌리와도 같은 슨푸성으로 결정되었습니다. 그가 살던 도쿄의 에도 성터엔 오늘날 천황궁이라 불리는 황거가 들어섰습니다.

도카가와 요시노부는 폐번치현으로 슨푸에서 시즈오카로 이름이 바뀐 곳에서 그의 꼭대기 할아버지인 이에야스와는 달리 말 그대로 은퇴생활을 즐기며 살았습니다. 아니 그렇게 살 수밖에 없었습니다. 그는 이에야스와는 달리 상왕인 오고쇼가 될 수도 없었고, 아무 권력도 없었으며, 딱히 할 일도 없었으니까요. 시즈오카에서 그는 유신 정부에서 주는 연금을 받으며 개화기 서양 문물인 자전거를 타고 차밭을 가꾸며 사냥, 낚시, 바둑, 그림, 당구, 사진 등을 즐기며 팔자 좋게 살았습니다. 메이지 유신 직후 그를 옹립하고자 하는 막부파들이 보신전쟁을 일으켜 잠시 난감하기도 했지만 곧바로 사면을 받아서 활동엔 제약이 없었습니다.

그는 시즈오카에서 29년간 그렇게 야인 생활을 하다가 환갑이 되던 해인 1897년 본래 그가 살았던 에도에서 이름이 바뀐 도쿄로 거주지를 옮겼습니다. 그리고 그가 권력을 돌려준 메이지 천황이 하사한 공작 작위를 받고 우아하게 살다가 1913년 76세의 나이로 죽

메이지 유신 이후 도쿠가와 요시노부 공작의 모습

었습니다. 정치적 부담이 없어서인가 도쿠가와 가문이 낸 15명의 쇼군들 중 가장 장수한 요시노부였습니다. 아이러니한 것은 정작 존왕양이를 주장하며 그를 몰아낸 메이지 유신의 핵심 지사들인 사카모토 료마는 암살(1867)로, 사이고 다카모리는 할복(1877)으로, 기도 다카요시는 지병(1877)으로, 오쿠보 도시미치는 암살(1878)로 일찍 죽어 메이지 유신을 다 보지 못했지만, 구체제의 상징인 쇼군 요시노부는 그것을 다 구경하고도 한참을 더 살다가 죽은 것입니다.

이렇듯 과거 슨푸였던 시즈오카는 도쿠가와 가문의 초대 쇼군인 이에야스와 마지막 쇼군인 요시노부가 쇼군으로 올라가기 전과 쇼군에서 내려온 후 장기간 거주하여, 가히 도쿠가와 가문의 본거지라 하겠습니다. 264년간 이어진 에도 막부의 앞에서는 웅장한 서막을, 뒤에서는 조용한 정리를 맡은, 프롤로그 겸 에필로그이기도 한 도시입니다. 물론 존재감은 전국시대를 끝내고 일본을 통일한 천하인 이에야스가 요시노부보다 훨씬 클 수밖에 없습니다. 만약 히데요시가 이에야스를 에도로 쫓아내지 않았다면 그는 에도가 아닌 슨푸에서 막부를 열었을지도 모릅니다. 그렇다면 이에야스의 연고가 없던 에도는 아예 개발되지도 않았을 것입니다. 오늘날의 도쿄란 도시도 도쿄란 이름도 없는 것입니다. 역사에서 가설은 무의미하다지만 상상은 자유이니 그것만으로도 재미있고 가당한 일이라 하겠습니다.

이 섬이 수상하다

홋카이도 北海道

일본의 홋카이도를 다녀온 사람은 그곳을 가리켜 일본같지 않다고 합니다. 그래서 이국적이고 매력적인 여행지로 꼽곤 합니다. 이것은 일본 내국인들도 그렇게 생각한다고 합니다. 하지만 홋카이도를 가지 않아도 그곳이 일본같지 않은 요소는 많이 발견됩니다. 일단 홋카이도라는 이름부터가 그렇습니다.

에조 공화국

천황이라 불리는 왕이 있는 일본에 대통령이 통치하는 공화국 시대가 있었습니다. 우리가 거의 모를 수밖에 없는 이유는 총재라 불린 그 대통령의 통치 기간은 5개월에 불과했고 공화국 영토는 일본 전역이 아니라 북쪽 한 지역에 한정되었기 때문입니다. 1869년 1월에 건국해 6월에 멸망한 나라입니다. 그 나라의 이름은 에조 공화국이었으며 그의 영토는 홋카이도였습니다. 그리고 수도는 야경이 아름다운 항구 도시 하코다테였으며 본부는 하코다테 내 요새인 고료카쿠五稜郭였습니다. 고료카쿠는 오늘날 성터와 별 모양의 해자만 남아있는 공원이 되어 시민과 외지의 관광객들을 맞고 있습니다. 일본 3대 맥주로 유명한 홋카이도의 삿포로 맥주의 심벌인 별은 바로 이 고료카쿠의 별 모양의 해자에서 유래했다고 합니다.

에조 공화국은 1868년 메이지유신으로 실각한 마지막 쇼군 도쿠가와 요시노부 휘하의 막부파 군사들이 유신 세력에 반발하여 일으킨 보신전쟁(1868~1869) 중에 세워졌습니다. 하지만 중앙 정부군의 진압으로 에조 공화국은 멸망했으며 보신전쟁도 끝나게 됩니다. 그래서 마지막 막부파가 저항했던 고료카쿠 요새는 무너지고 오늘날과 같이 성터만 남은 것입니다. 당시 그들은 유신 세력인 반막부파

ⓒKeihin nike

하코다테 고료카쿠 성터의 아름다운 별 모양의 해자

가 막부의 본부인 에도로 들어오자 그곳을 떠나 홋카이도로 이동했습니다. 그간 세습형 절대지존인 쇼군을 떠받들던 사무라이들이 절차에 의해 선출된 지도자를 따르는 에조 공화국 사태로 홋카이도는 일본 역사상 잠깐이지만 전국적인 스포트라이트를 받게 되었습니다.

수상한 섬 홋카이도

친구들과 사석에서 일본 관련 이야기를 나누던 중 제가 가볍게 질문을 하나 던집니다. "홋카이도가 제주도보다 클까? 작을까?"라고 말입니다. 그러면 자리는 일순 긴장감이 살짝 돌며 짧은 침묵이 이어집니다. 뻔히 아는 질문도 막상 누가 물으면 그런 분위기가 연출되는 경우를 우리는 종종 보게 됩니다. 너무나도 뻔한데 질문에 무슨 함정이 있는 것은 아닌가, 아니면 혹시라도 잘못 알고 있는 것이 아닌가 하고 말입니다. 당연히 홋카이도가 더 큽니다. 그리고 그 사실은 거의 모두 알고 있습니다. 거의라고 한 것은 아주 가끔 "제주도가 더 크지 않나?"라고 대답하는 친구도 있어서 그렇습니다. 제 친구 중에선 있습니다. 그런데 이것도 당연한 일입니다. 본인의 관심 영역이 아니면 굳이 알려거나 기억할 필요가 없을 수도 있으니 말입니다. 그런 친구에겐 이런 질문을 던진 제가 더 이상한 사람으로 보일 것입니다.

계속해서 전 홋카이도에 대한 두 번째 질문을 던집니다. 그러면 이번엔 제주도가 아닌 "우리나라랑 비교할 때 누가 더 클까?"라고 말입니다. 물론 여기서 우리나라는 한반도의 남쪽 남한만을 한정합니다. 그러면 또 일순 긴장을 합니다. 첫 번째 질문과 마찬가지의 과정을 겪는 것입니다. 그러다 누가 "당연히 우리나라가 더 크지"라고 대답을 하면 모두가 동의하는 표정을 짓거나 동의하는 말을 얹습니다. 맞습니다. 당연히 우리나라가 더 큽니다. 그런데 이어서 홋카이도가 우리나라 면적의 5/6에 달하는 면적을 가진 섬이라고 하면 이때는 거의 모두가 놀랍니다. 긴장을 풀고 마음 놓고 놀라는 것입니다. 남한 면적이 10만 412km^2인데 일본을 구성하는 네 개 섬 중 하나인 홋카이도는 8만 3,453km^2이기에 그렇습니다. 생각보다 큰 섬이 홋카이도입니다.

홋카이도에 대해 귀를 쫑긋하는가 싶을 때 저의 질문성 이야기는 계속됩니다. 홋카이도는 우리가 한자로 표기된 한글로는 북해도北海道라고도 부릅니다. 이때 그 도는 보시듯 섬을 이야기하는 도島가 아닙니다. 북쪽 바다에 떠있는 섬이 아니라 독립적인 행정 구역이라는 의미입니다. 하지만 홋카이도가 생각보다 커도 섬이라는 사실은 맞습니다. 그보다 더 큰 혼슈도 섬이고 크게 보면 아메리카나 유라시아 대륙조차도 대양 위에 떠있는 커다란 섬이니 말입니다. 길이 나있으면 사람이 살아서인가 예로부터 한자권 국가에선 기본 행정구역으로 도道를 사용하였습니다. 한반도의 남북한 8도도 한자로는 마찬가지로 이 도道를 씁니다. 8도에 해당되지 않았던 제주도는 섬으로서는 제주도濟州島이지만 행정구역명으로 부를 때에는 홋카이도처럼 제주특별자치도濟州特別自治道가 됩니다.

이렇듯 홋카이도는 일본의 기본 행정구역 체계인 도도부현都道府県의 두 번째 1도道에 해당됩니다. 첫 번째 1도都는 우리나라 서울특별시에 해당되는 도쿄도이며 2부府는 우리나라 광역시 격인 오사카부와 교토부입니다. 그리고 현県은 우리의 도에 해당하는 지명으로 일본엔 43개의 현이 있습니다. 국토가 우리나라 남한보다 3.8배 가까이 넓은 나라(377,974km²)이니 현이 많을 수밖에 없습니다. 그런데 홋카이도와는 달리 도쿄, 오사카, 교토 등의 도부나 아오모리, 야마구치, 오키나와 등의 현을 부를 땐 이렇듯 거의 뒤의 행정 단위를 넣지 않고 부릅니다. 같은 원칙이라면 홋카이도 또는 북해도도 홋카이 또는 북해 이렇게 불러야 하는데 말입니다.

현이 없는 홋카이도

홋카이도에 수상한 점은 이뿐만이 아닙니다. 아니, 이미 그 수상한 점은 나와버렸습니다. 1도都 1도道 2부府 43현県, 도도부현의 행정

구역 체계에서 보듯이 홋카이도는 이렇게 다르게 취급을 받습니다. 일본은 크게 혼슈, 홋카이도, 규슈, 시코쿠 등의 커다란 4개 섬으로 이루어진 국가인데 다른 섬들과는 달리 홋카이도만이 이 도도부현에 들어가 있으니까요. 대신 그 섬들이 그 안에 43개나 가지고 있는 많은 현을 홋카이도는 단 1개도 가지고 있지 않습니다. 당연한 일입니다. 보시듯 홋카이도 전체가 그 현에 상응하는 1도라는 행정 지위를 가지고 있으니까요. 그래서 4개의 열도 중 혼슈 다음으로 큰 섬임에도 그 안엔 현이 한 개도 없는 것입니다.

본래 행정구역 체계라는 것은 같은 원칙으로 전국 어디든 일사불란해야 하는데 이렇듯 홋카이도만을 예외 취급인지 특별 취급을 하고 있는 일본입니다. 수상한 섬 홋카이도입니다. 만약 홋카이도 안에 현이 있다면 홋카이도는 도도부현에서 사라져야 합니다. 역사상 한때 홋카이도에 3개의 현을 설치한 적도 있다 하니 그렇다면 당시 일본의 기본 행정구역은 도도부현이 아니라 두 번째 도道가 빠진 도부현都府県이었을 것입니다. 대신 그 정책이 이어졌다면 오늘날 43현이 46현이 되었을 것입니다.

왜 홋카이도는 이렇듯 같은 일본임에도 혼자만 다르게 가고 있을까요? 가장 큰 이유는 행정의 편의성 때문일 것입니다. 그 안에 현을 설치하는 것보다 지금처럼 단일한 행정구역 체계로 놓는 것이 유리하기에 그렇게 하고 있는 것일 것입니다. 그 판단의 배경에는 홋카이도 전체 인구가 520만 명에 불과하다는 것도 이유가 될 것입니다. 사실 이 인구도 적은 것은 아닌데 일본 전체 인구가 1억 2천5백만 명에 달하니 상대적으로 그렇다는 것입니다. 그 넓은 땅에 적은 인구가 분산되어 있는데 그것을 잘게 썰어서 다스리면 효율성이 떨어진다고 판단했을 것입니다. 하지만 그것은 다소 설득력이 떨어져 보입니다. 미국의 연방에 속한 50개 주州들이 인구수로 나누어서 분할된 것은 아니니까요. 그 나라의 중서부엔 홋카이도보다 넓은 땅에 적은 인구의 주들이 즐비합니다. 그보다는 일본 형성의 역사적인 배경에서 기인한 것이 더 타당한 이유일 것입니다.

무관심의 땅이었던 홋카이도

일본 역사의 가장 중요한 변곡점 중 하나는 영웅호걸이 출현하며 전 열도를 전쟁의 쑥대밭으로 만들며 통일을 이루어 낸 16세기 전국시대일 것입니다. 이 시기까지 일본의 역사에 홋카이도는 없었습니다. 전쟁의 말발굽이 그 땅을 하나도 지나가지 않았다는 것입니다. 그때까지 그 땅엔 일본인이 살지 않았고 아이누족이라 불리는 원주민이 살았습니다. 홋카이도란 명칭도 없었고 그곳은 에조치라

오르골과 유리 공예로 유명한 오타루의 명소 운하

불렸습니다. 전쟁과 통일은 땅따먹기인데 본토의 일본인이 그 넓은 땅에 관심을 두지 않았던 이유는 그곳을 사람이 살만한 땅으로 보지 않았기 때문입니다. 벼농사 수확량을 중시하는 그들 눈에 에조치는 춥고 척박해 농경이 불가능한 땅으로 간주된 것입니다.

둘레가 50km에 달하는 홋카이도의 도야 호수

만약 고려나 조선 초기에 우리 선조가 홋카이도를 침공해 아이누족을 누르고 정착하였다면 그곳은 아마도 우리 영토가 되었을지도 모릅니다. 그만큼 그 땅은 일본인이나 뒤에 등장할 러시아인에게 무관심의 지역이었습니다. 일본 통일 후 에도에 막부를 연 도쿠가와 가문의 쇼군 시대에도 홋카이도는 그곳이 일본 영토임을 확인하는 수준에서만 소극적으로 관리하였습니다. 그래서 일본 어디를 가도 그 지역 맹주인 다이묘가 살았던 전국시대의 근사한 성이 있는 데 반하여 홋카이도엔 성이 없는 것입니다.

홋카이도의 일본 편입

일본 역사의 두 번째 변곡점에서 홋카이도는 비로소 일본의 관심 영역에 들어오게 됩니다. 1868년 메이지 유신이 바로 그때입니다. 이미 유신 전인 1854년 미국에 굴복한 미일화친조약으로 홋카이도의 남부 하코다테 항을 개항한 막부였습니다. 이제 일본은 유신을 통해 서구 열강들과 맞짱을 뜨는 근대화된 국가로 발돋움하게 되는데 그 근대화 중의 하나에 행정구역 체계 개편도 당연히 들어가 있었습니다. 1871년 유신의 주도 세력인 오쿠보 도시미치와 기도 다카요시는 폐번치현廢藩置県을 통해 막부의 쇼군 휘하 영주인 다이묘들이 다스렸던 번들을 폐지하고 오늘날과 같은 현으로 바꾸는 일대 개혁을 단행합니다. 쇼군 밑에 있던 지방 권력을 폐하고 중앙에서 내려보낸 공무원이 다스리는 나라가 된 것입니다. 이때 에조치도 홋카이도라는 이름으로 중앙 정부의 행정 체계에 정식으로 편입됩니다.

그리고 그때부터 홋카이도 개척이 시작됩니다. 미국의 서부 개척시대처럼 본토의 많은 일본인들이 대대적인 이주를 시작해 오늘날과 같은 홋카이도가 된 것입니다. 일본의 북부 개척시대였습니다. 그 전에 유명 유신지사인 사카모토 료마도 홋카이도 개발을 주장했습니다. 그런데 그런 이주 때엔 우리가 역사에서 수차례 목도했듯이 기존 원주민들의 희생이 필연적입니다. 대대로 그 땅에 살던 아이누족은 미국의 인디언처럼 그렇게 희생되고 일본인으로 편입되었습니다.

당시 일본의 홋카이도 본격 진출(?)은 러시아의 극동 진출로 그 섬을 호시탐탐 노리기에 그것을 방어하는 성격도 있었습니다. 국제적으로도 홋카이도의 주가가 올라가기 시작한 것입니다. 요즘 일본이 우리와의 독도 분쟁처럼 러시아와의 쿠릴열도 영토분쟁에서 보듯 당시 극동으로 진출하는 러시아는 남하하며 홋카이도를 탐냈습니다. 결과는 이후 러일전쟁과 2차 세계대전에서 서로 1승씩을 주고받으며 오늘날과 같이 정리되었습니다.

일본의 보물섬이 된 홋카이도

역사의 어느 시점까지 어느 누구도 쳐다보지 않았던 쓸모없던 땅이었던 홋카이도는 이제 일본의 보물섬이 되었습니다. 넓은 땅에 박혀있는 풍부한 지하자원과 임산자원 등을 비롯한 축산물과 해산물, 그리고 이국적인 청정한 자연으로 인해 남쪽의 내국인과 바다 밖 외국인을 끌어모으는 관광산업으로 일본의 현재는 물론 미래를 먹여 살릴 땅이 된 것입니다. 특히 축산업의 경우는 일본에 있는 소의 45%가 홋카이도에서 사육될 정도로 낙농산업은 독보적으로 발전하였습니다. 사람은 일본 전체 인구의 4%가 사는데 그들이 먹는 소는 거의 절반이 그곳에 사는 것입니다. 홋카이도 어디를 가든 유가공품인 우유와 아이스크림이 눈에 띄는 이유입니다. 물론 맛도 좋습니다.

홋카이도가 일본의 미래를 먹여 살릴 땅이라는 것은 괜한 소리가 아닐 것입니다. 어쩌면 일본은 홋카이도에 현을 설치하지 않고 단일 행정구역으로 남겨 놓은 이유가 미래를 위해서일지도 모릅니다. 홋카이도는 70%가 삼림지로 그 안에는 6개의 국립공원이 있어 산과 호수, 연안 바다 등이 미개발 상태로 천연의 생태계가 그대로 유지되고 있습니다. 520만 명의 인구는 홋카이도에서 가장 큰 도시인 서쪽의 삿포로 주변에 몰려 살고 있어 그 동쪽 넓은 지역은 거의 허허벌판이나 다름없습니다. 삿포로는 현재 200만 인구를 기록하고 있는 대도시입니다.

보듯이 넓은 땅에 풍부한 자원, 그리고 적은 인구는 홋카이도의 자급자족률을 높여주고 있어 추가 인구를 받을 충분한 여력을 지니고 있습니다. 언젠가 홋카이도의 2차 북부 개척시대가 시작된다면 얼

200만의 인구가 몰려 사는 계획도시 삿포로의 과거와 현재

©MIKI Yoshihito

풍부한 수자원으로 변용되는 다설 지역 홋카이도의 설경

마든지 인구 유입이 가능할 것입니다. 즉, 개발을 못 해 안 하는 것이 아니라 미래를 위해 그냥 놔두고 있다는 것이 맞는 표현일 것입니다. 그래서 미래의 어느 날엔가는 지금 세대의 후손들이 개발된 홋카이도의 중앙 지역과 동쪽으로 가서 살게 될지도 모릅니다. 물론 인구가 계속 늘어난다는 전제하에서 그렇겠지요. 그때가 되면 홋카이도는 1개 도道를 해지하고 몇 개의 현県으로 나뉠 것입니다.

근대를 향해 열린 문

나가사키 長崎

일본의 근대화에 기여한 서양의 국가들을 뽑으라면 크게 3국이 선정될 것입니다. 역으로 거슬러 올라가면 미국과 네덜란드가 나오지만 그 전에 포르투갈도 한몫을 했습니다. 무려 100년의 기간 동안 말입니다. 그런데 이 3국은 모두 한 도시와 인연을 맺었습니다. 규슈의 나가사키입니다.

세계 최대 광고대행사, 덴츠

1992년 덴츠 연수를 갔습니다. 3일에 불과한 짧은 기간이었지만 당시 도쿄 긴자에 있던 그 본사의 14층 교육장에서 도시락을 시켜 먹어가며 꼬박 수업에만 매달렸습니다. 당시 제가 근무하던 광고대행사 오리콤과 덴츠 간에 업무 협약이 맺어져 있어 입사 동기들과 함께 소위 선진 광고 기법을 배우러 간 것입니다. 덴츠는 그때나 지금이나 일본에서 가장 큰, 아니 단일 광고회사로는 전 세계에서 가장 큰 광고대행사입니다. 당시 오리콤은 직원 수가 3백 명 규모였고 덴츠는 6천 명이 넘었습니다. 지금은 우리나라도 세계 7위권의 광고산업 국가이고 제일기획, 이노션 등 글로벌 마켓에서도 큰손인 광고대행사를 보유하고 있기에 연수를 하러 덴츠를 갈 일은 없을 것입니다.

당시 제가 덴츠에서 받은 수업 중 가장 인상적인 것은 덴츠가 제작한 TV CF나 인쇄 광고 등의 매체 광고보다는 프로모션 파트의 어떤 프로젝트였습니다. 덴츠는 도쿄 디즈니랜드는 물론 일본에서 가장 큰 테마 파크인 하우스텐보스Huis Ten Bosch의 설계부터 건축, 개장, 광고, 운영 등 모든 것을 턴키로 수주하고 그 일을 진행했다고 했습니다. 그 일이 당시 제 머릿속에 있던 광고회사의 업무 영역을 한참

ⓒ663highland

네덜란드 마을을 콘셉트로 한 테마파크 하우스텐보스 전경

벗어난 일이라 그랬던 것이었습니다. "광고회사에서 그런 일까지 하다니"라며 놀란 것입니다. 기억이 가물가물하지만 당시 그 수업을 맡은 그 프로젝트의 팀장은 투자자 모집까지 대행했다고 한 것 같았습니다. 과연 부동의 세계 1위 광고대행사인 덴츠입니다.

덴츠는 하우스텐보스의 오픈 광고에 당시 할리우드의 영화배우 해리슨 포드를 모델로 등장시켰습니다. 강사가 수업 시간에 보여준 론칭 CF엔 해리슨 포드가 당시 인기를 끈 영화 〈인디애나 존스〉에서처럼 헬기를 타고 바다 건너 신기한 숲속의 마을인 하우스텐보스를 찾아가 그 테마 파크를 보여주고 있었습니다. 지금은 우리나라에서도 잘 알려져 아이들과 함께 일본 여행 시 인기 방문지가 된 이 하우스텐보스는 네덜란드 마을을 콘셉트로 한 테마파크로 규슈의 나가사키에 위치해 있습니다. 하우스텐보스가 나가사키에 있는 것은 나가사키가 네덜란드와 상관이 있어서 그렇습니다.

세계를 향해 열린 좁은 문

나가사키는 일본을 잘 모르는 우리에게도 도시의 사이즈에 비해 익숙하게 들려온 편입니다. 일단 먹는 것으로 나가사키 짬뽕과 나가사키 카스텔라가 떠오릅니다. 그런 이 도시가 네덜란드와 상관이 있는 것은 무역 때문이었습니다. 일본 역사에서 가장 역동적인 전국시대 최후의 승자 도쿠가와 이에야스가 1603년 개창한 도쿠가와 막부는 그로부터 약 30년간 그들의 골머리를 앓게 한 어떤 사건을 정리하고 1643년부터 서양 상선이 일본에 입항할 때는 오늘날 도쿄인 에도에서 멀리 떨어진 나가사키 한 곳만을 이용하게 하였습니다. 그 나가사키에서 일본의 독점적인 서양 파트너로 선정되고 활동했던 국가가 네덜란드였습니다. 도쿠가와 막부의 골머리를 앓게 한 사건은 아래에서 설명됩니다.

이때 막부는 관리의 효율성을 기하기 위해 나가사키 앞바다에 인공으로 조성한 섬인 데지마를 만들어 그곳에 네덜란드 사람들을 정주시켰습니다. 그리고 이 조치는 1853년 미국의 페리 제독이 거대한 흑선을 몰고 에도 앞바다에 출현할 때까지 계속되었습니다. 그때 막부는 미국과의 굴욕적인 통상조약을 맺고 다른 항구들도 개항했는데 이로써 1643년부터 1859년까지 216년간 나가사키에서만 지속되어 온 일본과 네덜란드 간의 밀월 관계는 끝이 났습니다. 그런 역사적인 배경으로 위의 덴츠가 수행한 프로젝트인 하우스텐보스가 나가사키에 지어진 것입니다.

2백 년 넘게 나가사키 항을 통해 서양의 물자가 오가다 보니 나가사키는 일찍이 서구화될 수밖에 없었습니다. 물론 서양의 상품만 들어온 것이 아니라 일본의 도자기와 우키요에 등을 비롯한 문화 상품들이 서양으로 나가서 유럽인을 열광시키기도 했습니다. 유럽에서 일본 문화의 바람이 분 자포니즘Japonism의 출발지 역할을 한 것입니다. 그런데 이때 나가사키엔 서양의 물자만 들어온 것이 아니

나가사키에 관광지로 복원한 데지마 내에 있는 과거 모습을 축소한 미니 데지마

라 다양한 선진 문화와 학문들도 들어왔는데 이것을 통칭하여 난학 蘭学이라 불렀습니다.

난학은 동양의 우물 안 개구리인 일본인을 깨우쳐 이후 그것을 신봉한 선각자들이 막부를 무너트리고 메이지 유신을 성공하게 한 주도 세력이 되게 하였습니다. 당시 나가사키의 네덜란드 동인도회사 책임자는 1년에 한 번은 에도에 상경해 막부의 최고 실력자인 쇼군에게 인사를 드리고 프레젠테이션을 실시했습니다. 쇼군은 그 네덜란드인을 통해 1년간 변화한 서양의 정세에 대해 보고를 받은 것입니다. 쇄국정책을 실시한다고는 했지만 막부는 그렇게 네덜란드를 통해 세상이 돌아가는 것을 인지하고 있었습니다.

한 손에는 조총, 한 손에는 성경

나가사키는 이렇게 일본이 1868년 메이지 유신으로 근대화되기 이전부터 서양으로 통하는 관문 역할을 하였습니다. 보듯이 그 창구는 네덜란드라는 서양의 국가가 전담하였지만 나가사키엔 그들보다 먼저 온 서양인이 있었습니다. 어떻게 보면 그들은 일본의 근대화에 영향을 준 첫 번째 서양 파트너라 할 수 있을 것입니다. 바로 대항해 시대를 연 포르투갈 사람들입니다. 그들은 나가사키의 데지마에 네덜란드 상관이 생긴 1643년부터 정확히 100년 전인 1543년 일본에 도착했습니다. 그 땅에 온 최초의 서양인이었습니다. 규슈 남단의 다네가섬에 도착한 그들의 손엔 조총이 들려 있었습니다.

일본에 카톨릭을 처음으로 전교한 〈성 프란치스코 하비에르의 기적〉 | 루벤스(1618)

그리고 6년 후인 1549년 일본엔 서양의 것이 하나 또 들어왔습니다. 조총과는 달리 눈에 보이지 않는 그것은 카톨릭이었습니다. 이냐시오 로욜라와 함께 카톨릭 내 예수회를 창설한 프란시스코 하비에르 사제가 가고시마와 나가사키의 히라도에 상륙해 일본 내 카톨릭의 전교 활동을 시작한 것입니다. 하지만 스페인인이었던 그는 3년 후 중국 전교를 위해 일본을 떠났습니다. 그 뒤로는 주로 포르투갈 사제들이 일본에 들어와 선교를 하며 카톨릭을 발전시켰습니다. 일본에서 기독교 신도들을 가리키는 기리시탄キリシタン은 이 당시에 생긴 말로 그 어원은 포르투갈어인 크리스탕Cristão 입니다. 이렇듯 한 손엔 칼, 한 손엔 코란으로 상징되는 초기 이슬람교처럼 일본엔 1540년대 불과 6년 사이로 그 나라를 변화시킨 문명의 이기인 조총과 종교 사상인 기독교가 들어왔습니다.

트렌드세터, 조총

조총과 기독교가 전파된 16세기 중엽 일본은 혼란스러운 전국시대로 천하를 놓고 내전 중에 있었는데 그 당시 1차 승자는 오다 노부나가였습니다. 그는 일본 통일을 거의 코앞에 둔 상태에서 아닌 밤중에 홍두깨라고 1582년 교토에서 혼노지의 변이라 불리는 부하의 배신으로 인해 급작스런 죽음을 맞이했습니다. 우두머리 사무라

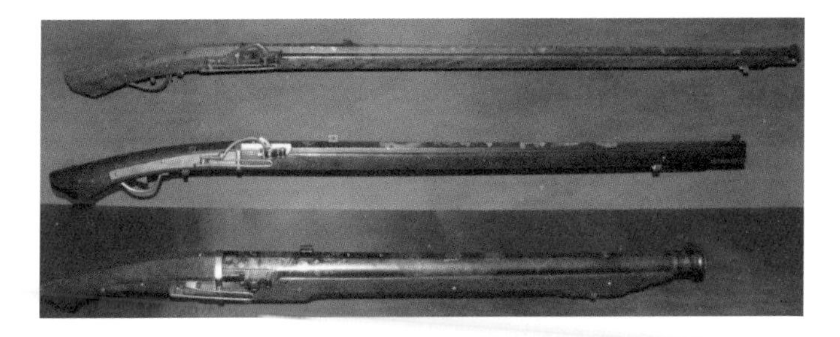

포르투갈인이 일본에 전해준 조총. 일본은 이를 지속적으로 개량해 성능을 높였습니다.

이답게 할복으로 생을 마감했습니다. 그러니 그는 죽기 전 30여 년간은 조총과 기독교로 대변되는 서양 문명을 경험하였습니다. 일단 그는 서양에 굉장히 개방적인 인물이라 그것들을 적극적으로 수용하였습니다. 조총을 처음 보는 순간 그는 그 위력을 알아보고 바로 그것을 받아들여 그 무기로 경쟁자인 적들을 물리치고 일본 통일을 향해 나갔던 것이었습니다.

조총은 포르투갈인이 처음 전해준 이후 카톨릭이 들어온 나가사키의 히라도를 통해 대량으로 수입되었습니다. 그리고 얼마 지나지 않아 일본은 조총의 자체 개발에 성공하여 그것은 일본 군대의 주력 무기가 되었습니다. 그러면서 조총의 성능은 계속해서 업그레이드되었습니다. 오다 노부나가의 가신으로 그가 죽은 후 일본을 통일한 도요토미 히데요시도 이 조총이 있었기에 승리에 대한 자신감을 가지고 임진왜란을 일으켰을 것입니다. 재러드 다이아몬드가 쓴 《총, 균, 쇠》를 생각나게 하는 대목입니다.

임진왜란 3년 전인 1589년 조선의 선조는 오늘날 나가사키현인 대마도의 도주 소 요시토시가 그에게 선물로 가져온 한 무기를 대하고 있었습니다. 조총이었습니다. 입회한 병조판서 정탁은 그 총을 시험이라도 해보자고 선조에게 고하였지만 왕은 왜인이 가져온 것이고 역적 도요토미 히데요시의 물건이라며 그의 말을 무시하였습니다. 그래서 바다 건너 조선에 처음 건너온 조총은 격발 한 번 못 해보고 바로 군기사라는 무기 창고로 직행하였습니다. 그때 발사라도 한번 해봤으면 임진왜란 개전 초기 조선의 병사들이 무모하게 조총 앞으로 달려들지는 않았을 것입니다.

이 장면에 대한 다른 묘사로는 입회했던 신립 장군이 선조 앞에서 조총과 화살 발사를 비교 시연하며 조총이 재장전에 오랜 시간이 걸려 화살보다 못하다며 왕을 안심시켰다는 설도 있습니다. 조총 한 발을 쏘는 동안 화살 세 발로 그사이 왜적을 물리칠 수 있다고 한 것입니다. 하지만 일본은 그런 단점을 보완한 개량된 조총과 전술로 임진왜란에 임했습니다. 위의 일화는 서애 유성룡이 임진왜란을 회고하며 다시는 일본에 당하지 않겠다는 심경으로 썼을 법한 《징비록》에 나오는 이야기로 신문명인 신무기를 대하는 일본인과 조선인의 차이를 보여주고 있습니다. 그런데 그의 《징비록》은 전후 그것이 쓰인 피해자 조선에서보다 가해자인 일본에서 더 많이 팔리고 읽혔습니다.

일본 카톨릭의 흥망

오다 노부나가는 조총은 물론 기독교에도 거부감이 없었기에 일본 내 카톨릭은 급격히 성장하였습니다. 그가 죽기 2년 전인 1580년 기리시탄의 수가 10만 명에 육박할 정도로 교세가 커나갔으니까요. 지도자급인 다이묘들 중에서도 카톨릭을 믿는 신자들이 많았습니다. 그래서 도쿠가와 막부가 들어선 17세기 초엔 70만 명 가까이까지 신자 수가 늘어났습니다. 당시 기독교의 중심지 역할을 한 나가사키는 그 영향으로 오늘날 일본 내 카톨릭의 성지가 되었습니다. 신자 수에 있어서도 일본 전체 평균은 1% 수준인데 나가사키는 4.5%에 달할 정도로 많은 카톨릭 신자가 살고 있습니다.

전국시대 2기 실력자인 도요토미 히데요시의 기독교에 대한 생각은 오다 노부나가와는 달랐습니다. 1587년 규슈 정벌 시 그는 본토인 혼슈와는 달리 급성장한 기독교의 교세에 놀라 기리시탄을 위협 세력으로 간주하고 통치 내내 불안한 관계를 이어갔습니다. 당시 일본엔 그 교세에 맞게 포르투갈과 스페인의 사제들이 들어와 조직을 갖추고 선교 활동을 하고 있었습니다. 그는 금교령을 내려 그 선교사들을 추방하고 신자들을 박해하였습니다. 1597년 교토에서 나가사키까지 끌고 가서 처형식을 거행한 26성인의 순교는 도요토미 히데요시의 대표적인 박해 사건입니다. 기독교의 본거지인 나가사키의 기리시탄에게 본때를 보여준 것이었습니다. 하지만 임진왜란을 일으키고 1598년 그가 죽음으로 인해 기독교의 뿌리까지 뽑지는 못했습니다. 임진왜란 당시 조선을 유린한 주범이자 그의 좌장격인 고니시 유키나카조차 독실한 기독교 신자로 포르투갈 신부를 조선 땅까지 데리고 가 낮에는 전투를 하고 밤에는 미사를 드릴 정도였으니까요.

3기 실력자이자 전국시대 최종 승자인 도쿠가와 이에야스가 정권을 잡으면서 기독교의 박해는 더욱 심해졌습니다. 그 역시 히데요시에 이어 1614년 금교령을 내렸습니다. 그리고 그를 이은 그 가문의 쇼군들도 계속해서 기독교를 탄압하며 기리시탄 말살 정책을 펼쳤습니다. 신자들을 가리켜 국적이라 부를 정도였으니까요. 결국 이를 참지 못한 기리시탄들이 1637년 규슈의 시마바라에서 반란을 일으켰습니다. 이에 막부는 12만 명에 이르는 대규모 군대를 파견해 이를 토벌하고 더욱 강력하게 기독교를 탄압했습니다. 이때 살

아남은 신도들은 지하로 들어가거나 동남아로 망명의 길을 택했습니다. 그들은 메이지 시대가 될 때까지 250여 년간 지상으로 올라오지 못했습니다. 그래서 그들을 가리켜 숨은 기독교도를 뜻하는 가쿠레기리시탄潜伏キリシタン이라 부릅니다. 1873년 메이지 유신 정부의 실력자인 사이고 다카모리는 서구 국가들의 요구로 기독교 금교령을 해제했습니다.

엔도 슈사쿠의 소설 〈침묵〉을 원작으로 한 마틴 스콜세지 감독의 영화 〈사일런스Silence〉는 이 시기를 배경으로 만들어졌습니다. 영화에선 배교했다고 알려진 포르투갈인 주교 페레이라(리암 니슨)의 배교 진위 여부를 확인하기 위해 마카오를 거쳐 나가사키에 온 그의 두 제자 신부의 순교와 배교를 다루고 있습니다. 일본의 마지막 포르투갈 신부의 이야기입니다. 결국 도쿠가와 막부는 기독교를 전파하고 노예무역을 일삼던 포르투갈인에게 넌더리를 내어 그들에게 특단의 조치를 내렸습니다. 바로 위에 등장한 나가사키 앞바다에 인공섬인 데지마를 조성하여 그곳에만 모여 살라고 한 것입니다. 이 조치를 취한 것이 1634년의 일인데 그나마 3년 후 근처에서 기리시탄이 일으킨 시마바라의 난이 일어나자 막부는 그곳조차 폐쇄하고 그곳에 살던 포르투갈인을 단 1명도 남기지 않고 모두 추방해 버렸습니다. 그리고 쇄국정책을 더욱 강화했습니다.

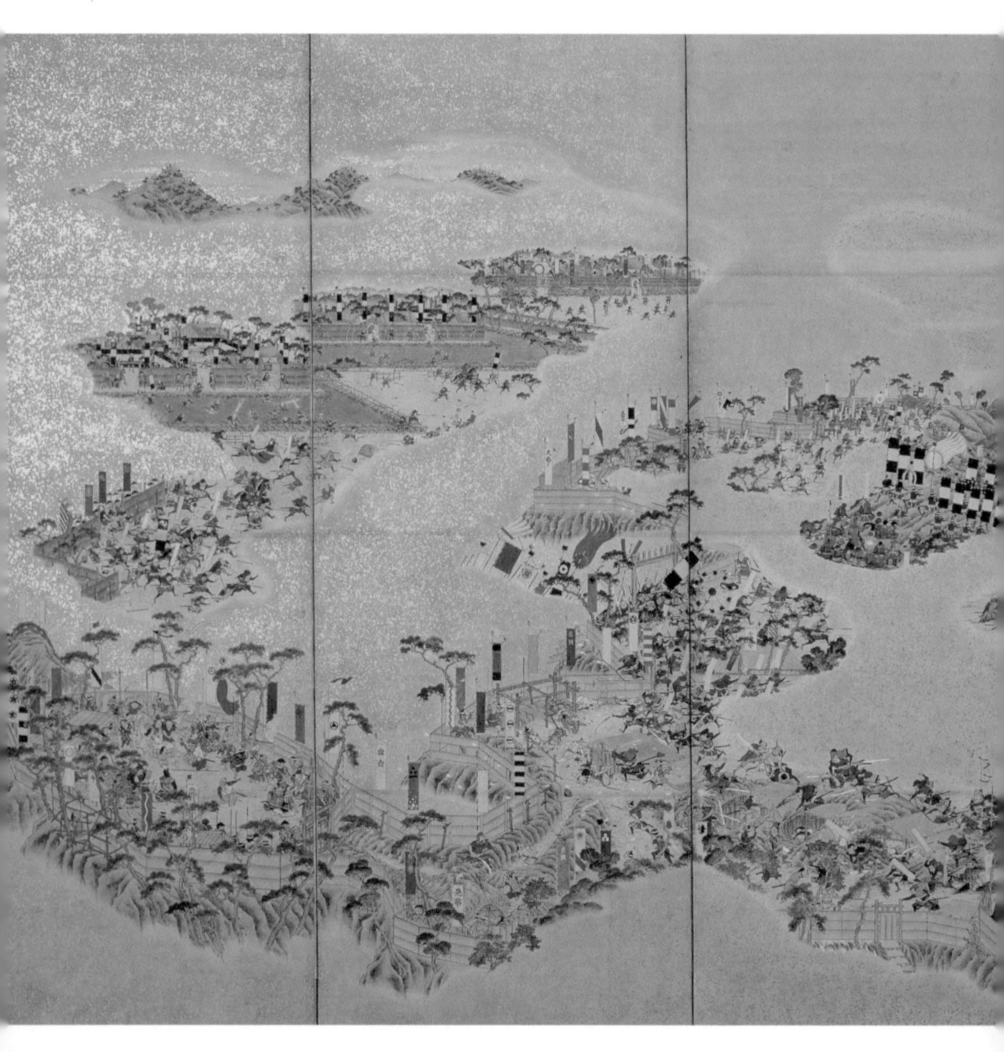

시마바라의 난 때 기리시탄 반군의 본거지인 하라 성을 공격하는 막부군

남만문화의 유행

포르투갈인이 떠난 그 자리를 꿰찬 서양인이 바로 위에서 앞에서 등장한 네덜란드인입니다. 그들은 1643년 포르투갈인이 추방되어 비어있던 데지마에 입주를 하였습니다. 나가사키에 데지마라는 인공섬이 지어진 것이 네덜란드인을 위한 것이 아니었다는 것입니다. 그때 막부에서 요청한 입주 조건은 절대로 기독교를 전파하지 않는다는 것이었습니다. 포르투갈과 마찬가지로 기독교 국가였지만 네덜란드는 이 조건을 순순히 받아들였습니다. 과연 역사상 매번 명분보다는 실리를 앞세웠던 그들이었습니다. 네덜란드는 유럽의 다른 국가들이 박대하고 추방한 위그노나 유태인을 받아들일 정도로 국가 이익을 앞세웠고, 오늘날에도 서구에서 가장 진보적이고 리버럴한 국가로 알려져 있습니다.

이렇듯 포르투갈인은 신성한 포교를 위해 일본에 왔지만 네덜란드인은 돈 되는 장사를 하러 일본에 왔습니다. 포르투갈이 일본에 이니셔티브를 쥐고 있었음에도 그 땅에서 완전히 퇴출이 되고 네덜란드가 일본의 근대화에 영향을 준 두 번째 서양 파트너로 역사에 등장한 것입니다. 같은 장소인 나가사키에서 일어난 멤버 체인지였습니다.

포르투갈 함선의 도착, 〈남만인도래도〉 | 가노 나이젠(1600년경)

100년간 일본을 드나들었던 포르투갈인이 일본 사회에 끼친 영향은 총포와 기독교 이외에도 여러 가지가 있었습니다. 위에서 언급한 나가사키의 명물인 카스텔라는 포르투갈인이 전파한 것입니다. 우리나라에도 인기가 많은 카스텔라는 포르투갈과 동맹이었던 오늘날 스페인의 주축이 된 카스티야의 빵에서 유래되었습니다. 그러고 보니 우리에게도 점점 주식화 되어가는 빵이란 말도 포르투갈어로 이때 일본에 전파되었습니다. 일본어로 튀김을 뜻하는 템푸라

tempura의 어원도 포르투갈어에서 유래하였습니다. 이외에도 컵을 뜻하는 콧푸, 보당이라 불리는 버튼, 메리야스, 베란다 등 생활 속 많은 용어들이 이 당시 포르투갈어에서 유래하였습니다.

또한 학문적인 측면에서도 포르투갈과 스페인 사제들이 들어오며 유럽의 천문학, 의학, 항해술, 인쇄술 등이 자연스레 일본에 유입되었습니다. 이외에도 문화와 사회적으로는 포르투갈인이 들여온 유럽의 모자, 시계, 안경, 의복 등의 패션과 음악과 회화 등의 예술도 전해져 일본에서 유행하게 되었는데 이를 가리켜 남만문화南蠻文化라 부릅니다. 중국에서 남만은 남쪽의 오랑캐를 가리키지만 일본 역사에선 이 시기 남쪽에서 건네진 문화라는 뜻으로 해석됩니다. 즉 일본엔 네덜란드 이전에 포르투갈이 있었고, 난학 이전에 남만문화가 있었습니다.

토르데시야스 & 사라고사

대항해 시대 포르투갈의 경쟁자였던 스페인이 종교 이외에 일본에 적극적으로 진입하지 못한 것은 그 두 국가가 해외 식민지 싸움에서 부딪치지 않기 위해 영역을 정한 토르데시야스 조약(1494)과 사라고사 조약(1529)에 의해서였습니다. 1492년 콜럼버스가 아메리카 대륙을 발견하자마자 식민지 경쟁국인 포르투갈과의 충돌을 피하기 위해 당시 교황인 알렉산더 6세의 중재로 아메리카 대륙을 남북으로 가로지르는 선을 그었는데 그것이 조약을 맺은 스페인 도시의 이름을 딴 토르데시야스 조약이었습니다. 그래서 그 선 서쪽은 스페인이 갖고 동쪽에 있는 남미의 거의 절반인 브라질은 포르투갈이 가져간 것입니다. 그 경계선에 따라 스페인은 이후 북으로 올라가 북아메리카 동쪽인 플로리다와 서부인 캘리포니아까지 진출하였습니다.

그런데 이후 포르투갈의 바스쿠 다가마가 1498년 인도에 도착하고 마젤란이 1522년 세계일주를 완성하며 인도양과 태평양 항로를 발견하자 지구 반대편에 날짜변경선 같은 또 하나의 식민지 경계선이 필요해졌습니다. 그 선 역시 조약을 맺은 스페인의 도시 이름을 딴 사라고사 조약을 통해 결정되었습니다. 스페인과 포르투갈이 엿장수 마음대로 세계를 쥐락펴락하던 시대였습니다. 그 선 서쪽의 아시아와 아프리카는 그래서 포르투갈의 영역이 되었습니다. 포르투갈은 인도의 고아, 말레이시아의 믈라카, 인도네시아의 동티모르, 중국의 마카오에 식민지를 건설하고 그 뱃길을 따라 항해하여 일본에 온 것이었습니다. 이러한 경계선들은 이후 스페인 왕이 포르투갈 왕을 겸하고, 그 두 국가의 국력이 쇠해지면서 다 유명무실해졌습니다. 무엇보다도 새로운 해양강국으로 떠오른 영국이 그것을 인정하지 않았을 것입니다.

나가사키와 미국

일본의 근대화에 영향을 준 세 번째이자 마지막 서양 파트너는 미국입니다. 그들은 1853년 에도 앞바다에 흑선을 띄운지 6년 만인 1859년 네덜란드가 독점했던 나가사키의 상관 데지마의 문을 닫게 만들었습니다. 이제 서양의 배들은 나가사키 이외에 가나가와, 니카타, 효고, 하코다테 등의 혼슈와 홋카이도까지 자유롭게 일본에 직접 들어올 수 있게 되었습니다. 결국 미국에 무릎을 꿇은 막부는 그 무능함에 분개한 개혁파들에 의해서 무너지고 천황을 앞세운 메이지 유신의 시대가 되었습니다. 하지만 미국이 안겨준 그 굴욕으로 인해 그 시기 일본은 서양의 선진 문물과 제도를 받아들여 아시아에서 최초이자 유일하게 19세기가 끝나기 전 근대화를 이루었습니다.

결국 일본은 그들을 근대화시키는 데 지대한 공헌을 한 세 번째 서양 파트너인 미국을 향해 1941년 공습을 감행하였습니다. 타깃은 하와이의 진주만이었습니다. 하지만 그 결과는 무시무시한 원자폭

일본의 근대에 떨어진 최후의 일격, 나가사키의 팻맨(1945. 8. 9)

탄으로 돌아왔습니다. 4년 후인 1945년 8월 9일, 3일 전 히로시마에 떨어진 원자폭탄으로도 일본이 항복 반응이 없자 미국은 일본에 두 번째 폭탄을 투하해 무조건 항복을 받아내었습니다. 그런데 이것이 우연의 일치일까요? 아니면 역사의 아이러니일까요? 또 아니면 저만 그렇게 생각하는 것일까요? 2차 세계대전의 종지부를 찍은 뚱보Fat Man라 불리는 그 원자폭탄이 떨어진 도시가 나가사키였으니까요.

조총을 전수받아 일본을 최초로 서양화된 무기로 무장하게 한 도시가 더 큰 총으로 무너졌습니다. 총으로 흥한 자 총으로 망한 것입니다. 나가사키가 원폭 투하의 후보지로 선정된 것은 그곳에 메이지 유신의 영웅인 사카모토 료마의 지원 아래 고향 친구인 미쓰비시 창업자가 세운 군함 조선소와 제철소가 있는 등 일찍부터 근대화된 도시였기 때문이었습니다. 이로써 나가사키에서 시작된 일본의 근대화는 나가사키에서 끝이 났습니다.

푸치니의 오페라 〈나비부인〉의 배경은 19세기 말 나가사키입니다. 당시 일본에서 서양인이 가장 많이 들락거리던 서구화된 도시였습니다. 게이샤 출신의 어리고 순진한 나비부인 초초상은 그녀와 결혼하고 본국으로 떠나간 미군 장교 핑커튼이 돌아오기만을 애타게 기다립니다. 과거 우리나라와 베트남을 비롯한 세계 각지의 미군이 주둔했던 지역에서 흔히 일어났던 일이었습니다. 하지만 그녀는 그의 진심을 믿고 나가사키 시내 언덕 위에 있는 집에서 바다와 항구를 내려다보며 배가 들어올 때마다 가슴을 설레었습니다. 마치 트로이 전쟁이 끝난 지 10년이 지나도 돌아오지 않는 이타카의 왕 오디세우스를 하염없이 기다린 페넬로페 왕비처럼 말입니다. 그 왕비가 텔레마코스란 아들이 있듯이 그 부인에게도 핑커튼과의 사이에서 난 어린 아들이 있었습니다. 그리고 그사이 초초상에겐 페넬로페처럼 돈 많은 남자의 구혼도 있었습니다.

오페라 〈나비부인〉의 전설적인 프리마돈나 미우라 타마키(1884~1946)

하지만 3년 후 미국에서 돌아온 핑커튼은 나비부인의 바람과는 달리 본국에서 정식으로 결혼한 여성을 대동하고 나타났습니다.

ⓒ663highland

나가사키 정경

아…. 그녀의 지난했으나 달콤했던 꿈이 깨졌습니다. 그는 돌아왔으나 나비부인이 그토록 기다렸던 〈어느 맑게 개인 날〉은 끝내 오지 않은 것입니다. 더구나 그가 돌아온 이유도 그녀와의 사이에서 낳은 아이를 찾아가기 위해서였습니다. 집안의 반대를 무릅쓰고 그와의 결혼을 위해 기독교로 개종까지 했던 그녀였습니다. 결국 그

오페라 〈나비부인〉 중
〈허밍 코러스〉

녀는 그녀에게 하나 남은 선택지인 죽음을 택합니다. 미국 남자가 일본 여자에게 안겨준 나가사키의 비극이었습니다. 마치 나비부인의 이 비극은 나비효과로 증폭되어 50년 후 나가사키가 겪은 큰 비극의 전조와도 같이 느껴집니다. 어디선가 그녀의 흐느낌과도 같은 그 오페라의 〈허밍 코러스〉가 들려오는 듯합니다.

저는 서문에서 한중일 3국이 역사적으로 서로를 어떻게 봐왔는지에 대한 가벼운 논점을 밝히며 이 책을 시작했습니다. 한 수 아래라는 표현을 쓰면서 말입니다. 그러면 오늘날 이 3국은 서로를 어떻게 보고 있을까요? 글쎄요. 제 생각엔 3국이 이젠 다 서로를 한 수 아래로 보고 있지 않을까요? 크기와 세기, 그리고 실체와 상관없이 말입니다. 현대에 들어서며 많은 부분 평준화가 이루어진 가운데 상대국보다 열등한 요소보다는 우월한 요소를 부각시키기에 그럴 것입니다. 물론 과거의 감정도 작용할 것입니다. 이런 분위기라면 과연 3국이 서로 동등하게 존중하는 시대는 언제나 오게 될까요? 불가능한 기대 같지만 그래도 미래의 어느 시대엔 그런 날이 오게 되기를 희망해 봅니다.

책을 마치며 제가 그간 살아오며 보고 듣고 경험한 일본인에 대한 아래 에세이로 에필로그를 갈음하고자 합니다. 이 책에 등장한 일본인들의 후예입니다. 이들을 접한 TPO(time, place, occasion)는 모두 다르나 무언가 유사한 일관성이 있어 잊지 않고 기억해온 사건들입니다.

일본인만의 무엇

2023년 3월 사망한 어떤 일본 음악가의 그 이전 생전의 한 모습을 보면서 전 꽤나 놀랐습니다. 그 일은 우리나라의 한 음악가와 상관이 있는 사건이었습니다. 제가 놀란 것은 그 일본 음악가가 보여준 반응이 놀랍기도 했지만 그 모습이 제가 그간 직간접적으로 접해온 일본인들의 모습과 무언가 유사한 일관성이 있어서도 그랬습니다. 여기서 일관성이라 함은 의외성에서 시작됩니다. 적어도 제겐 긍정적이고 신선하게 다가왔던 그들의 의외성입니다. 그런데 그런 류의 모습을 그 유명한 음악가가 또 반복하니까 또 놀란 것이었습니다. 물론 역사의 드러난 진실을 가리고 국가와 본인과 그가 속한 집단의 이익만을 위해 후안무치한 모습을 보여주는 일본 정치인들은 이들 그룹에 속해있지 않습니다. 그들은 완전 제외입니다. 또 제가 접하지 못한 나쁜 일본인들도 분명히 꽤나 많을 것입니다. 어디든 그런 부류의 사람들은 있기 마련이니까요. 우리 역사 속엔 더 많이 있었지요.

하지만 개인이든 단체든 객관적인 정체성으로 규정되는 그룹은 평균선을 중심으로 볼륨존에 걸쳐있는 다수의 일반인들인데 적어도 제가 보아온 일반 일본인들은 우리와는 다른 면이 있어 보입니다. 꼭 우리가 아니더라도 지구촌의 세계 인간들과 비교할 때도 그들은 달라 보입니다. 그래서 때론 전 그런 일본인이 진짜 그렇게 생각해서 그렇게 말하고 행동하는 것일까라고 의심까지 하곤 했습니다. 왜냐하면 제 눈에 보인 그들은 인간의 보편적인 본능과 감정의 선과는 거리감이 있는 모습으로 말하고 행동하기에 그랬습니다. 특히 공공 앞에서는 개인의 진짜 속내를 드러내지 않는 것처럼 보이는 일본인들, 그것을 냉철하고 이성적인 모습이라 평한다면 때론 그런 그들의 모습은 섬뜩하게 보이기까지 했습니다. 일찍이 근대화가 된 나라에서 일찍이 선진화된 언행이 훈련되고 배어서 그런 것일까요? 그렇다면 더 먼저 선진국이 된 구미의 국민들은 왜 그들처럼 하지 않을까요? 그것에 더해 일본인만의 무엇이 작용하여 그럴 것입니다.

1992년, 오사카의 택시 기사

1992년 봄 저는 광고대행사 오리콤에서 일정 연차를 채운 입사 동기들과 함께 세계에서 가장 큰 일본의 덴츠라는 광고대행사로 연수를 다녀왔습니다. 이 책의 '근대를 향해 열린 문(나가사키)'이란 글에서 그 사실을 밝힌 적이 있습니다. 우리 일행은 덴츠의 본사가 위치한 도쿄에서 6일간의 일정을 마치고 오사카로 이동해 남은 3일 일정을 소화했습니다. 연수의 마지막인 출국일 전날 가까운 동기 3명과 함께 오사카 시내에서 이른 저녁을 먹고 좀 떨어진 호텔로 택시를 잡아타고 가는데 기사가 길을 잘 모르는 것이었습니다. 우리 일행 중엔 일본어가 되는 친구가 하나도 없어서 주소가 찍힌 호텔 명함을 주고 탄 택시였습니다. 당연히 네비와 모바일폰이 없던 시절입니다. 택시 기사는 당황하고 미안해하며 쏘리를 연발했습니다. 그리고 짧은 영어로 "Time OK?"를 외치며 우리의 심기를 살피는 듯했습니다. 일과 후이기에 당연히 우린 문제없다고 대답했습니다.

그렇게 전전긍긍하며 헤매던 택시 기사는 어느 파출소 앞에 차를 세우더니 들어가서 경찰의 길 안내를 받았는지 편안한 모습으로 나왔습니다. 그러더니 이젠 됐으니 걱정 말라며 호텔로 무사히 우리를 안내하였습니다. 반전은 그다음에 일어났습니다. 당시 미터기에 1,700엔 정도의 요금이 나왔는데 한사코 비용을 거부하는 것이었습니다.

자기가 잘못해서 늦었으니 안 받겠다는 것이었습니다. "Meeting time, Sorry"를 외치는 것으로 보아 자기가 우리의 중요한 회의 시간을 놓치게 했다는 것입니다. 우린 문제없다며 감사를 연발해도 그는 진심 어린 표정과 말로 손사래를 치며 요금을 거부하였습니다. 결국 우린 안 받겠다는 그의 손을 피해 택시 앞자리에 그 돈을 던지듯 밀어 놓고 호텔로 들어갔습니다. 참으로 이상한 실랑이였습니다.

당시 매일경제신문에 일본의 경제학자인 오마에 겐이치가 "핵심 기술이 없는 한국은 일본의 백년 하청국이 될 것이다"라고 기고했던 글이 떠오릅니다. 우리가 일본을 가면 당시 우리 연수 일행들도 그러했듯이 도쿄의 아키히바라 전자 상가에 들러 일제 가전제품과 카메라 등으로 여행 가방을 채워오던 시절이었습니다. 하지만 이후 양상은 오마에 겐이치의 예언과는 다르게 흘러갔습니다. 이후 삼성전자 혼자서 소니, 파나소닉, 도시바, 산요, 샤프, 아카이 등 그 많고 쟁쟁했던 일본의 전자회사들을 모두 물리쳤으니 말입니다. 아무튼 그렇게 한국과 일본의 국력차가 심했던 시절에 모자까지 쓴 근사한 정복을 입은 일본의 택시 기사가 한국의 젊은이들에게 진심을 다해 서비스를 펼친 것입니다.

아마도 그 당시 우리나라 택시 기사라면 요금 거부는 고사하고 손님이 원하는 목적지를 못 찾을 경우 오히려 상기된 얼굴로 더 광폭하게 차를 몰았을지도 모릅니다. 제겐 그런 경험이 몇 번 있었습니다. 그리고 저는 결혼 전엔 본가인 인천에서 회사를 다녔었는데 야근이 많았던 그 시절 총알택시라 불리던 심야 택시를 타면 그것은 말 그대로 서울에서 인천까지 도로도 좋지 않은 국도를 총알처럼 달려 뒷자리에 앉은 손님들은 전후좌우로 짐짝처럼 흔들려 등골이 서늘해지던 시대였습니다. 그 이후에도 오랫동안 우리나라 TV의 저녁 9시 뉴스엔 외국인들에 대한 택시 요금 바가지가 사회 문제로 빈번하게 나오곤 했습니다. 물론 지금은 우리나라도 택시 서비스가 많이 개선되어 그런 후진 일들은 옛이야기가 되었지만 30년 전 일본 오사카에서 경험했던 그 택시의 서비스는 지금도 잊히지 않고 있습니다. 단 한 번 본 그 기사의 얼굴 모습과 표정도.

1995년, 고베 지진의 이재민

1995년 1월에 일어난 일본 효고현 고베 지역의 지진은 진도 7로 6,400명의 사망자를 낸 대재앙이었습니다. 지진이 흔하게 발생하는 일본 역사에서도 보기 드문 강력한 대지진이었던 것입니다. 지진은 화재로 이어져 고베의 피해는 더 커져만 갔습니다. 당시 많은 사망자들 중엔 우리 교포와 유학생들도 100명 이상 포함되어 있어 우리나라에서도 관심을 갖고 방송사 뉴스 앵커를 그곳에 파견해 고베의 상황을 현장에서 직접 보도하기까지 하였습니다. 그런데 그런 아비규환의 상황에서도 일반 일본인들의 모습은 너무나도 침착하게 보여 그것이 뉴스에서 주된 뉴스가 되기도 하였습니다. 재난을 취재하는 우리 보도진이 보기에 의외의 모습으로 보여서 그랬을 것입니다.

일단 그런 상황임에도 편의점이나 마트에서의 사재기 모습이나 범죄가 보이지 않았습니다. 그리고 거의 도시가 무너지고 교통이 끊겼음에도 평상시와 똑같이 출근하는 고베 시민의 모습이 뉴스에서 보였습니다. 그런데 무엇보다도 제 기억에 남아있는 가장 인상적인 장면은 학교 운동장에 줄을 서있는 그들의 모습이었습니다. 운동장을 가로질러 끝에서 끝까지 선 아주 긴 줄이었습니다. 이재민들이 식량을 비롯한 구호품을 받기 위해 그렇게 긴 줄을 선 것인데 거기엔 그 상황을 통제하는 인력이나, 순서를 안내하는 바닥 선이나 안내봉 등이 전혀 보이지 않았습니다. 그럼에도 그들은 단 한 명의 이탈자 없이 스스로 그렇게 길게 일자로 줄을 맞춰 서고 있었습니다. 더구나 한겨울인 1월에 일어난 재해라 추위와 배고픔이 엄습하는 상황이었을 텐데도 그들은 그렇게 질서 정연하게 꼿꼿이 밖에서 서서 자신의 순서를 기다리고 있었습니다.

통상적인 다른 나라의 재난 방송에서 보던 구호품 배급의 모습과는 천양지차로 다른 일본인의 모습이었습니다. 그들의 그런 모습은 우리나라는 물론 전 세계에 전파를 타며 해외에서도 화제가 되었습니다. 아마도 그 모습이 주는 이미지는 질서 정연한 일본인보다 무서운 일본인이라는 인상을 더 강하게 심어주었을 것입니다. 제가 그렇게 느꼈듯이 말입니다.

2015년, IS에 아들이 참수된 부모

2015년 1월에 아들이 이슬람국가(IS, Islamic State)의 무장 세력에 의해 참수된 일본인 아버지의 인터뷰 기사가 언론에 소개되었습니다. 그의 아들은 일본 정부에게 2억 불을 내주면 살려주겠다는 IS에 의해 참수를 당한 것입니다. 표면상으로는 일본이 IS가 요구하는 시간 내에 2억 불을 주지 않아서 그 일본 청년은 죽은 것입니다. 그런데 그 안타까운 비보를 전해 들은 아버지의 일성이 저를 놀라게 하였습니다. 그는 인터뷰에서 "정말 안타깝다. 아들이 일본 정부와 국민에게 폐를 끼쳤다. 고토의 무사귀환을 바란다"라고 그의 심경을 표하였습니다. 기사를 읽다가 제 눈이 멈춰 설 수밖에 없었습니다. "어떻게 이런 반응을…." 적어도 제 상식과 감정으로는 무어라 설명하기 힘들었습니다. 정부가 나섰으면 살 수도 있었던 자기 아들이 죽었는데 그는 이렇게 대답을 한 것입니다.

또 놀란 것은 그 와중에도 보듯이 고토를 염려한 것이었습니다. 그가 무사귀환을 바라는 고토는 그의 아들이 아니기 때문입니다. 그의 아들 유카와는 시리아에서 이미 참변을 당했고, 고토는 그 이전 유카와가 억류되었다는 뉴스를 접하고 그의 행방을 추적하러 사지에 뛰어든 기자로 그때까지 살아있던 다른 일본인 인질이었습니다. 하지만 유카와 아버지의 바람과는 달리 고토도 일본 정부가 손을 쓰지 못해 며칠 후인 2월 초 참수당했습니다. 그리고 이어진 고토의 어머니 인터뷰가 또 저를 놀라게 하였습니다. 그녀 역시 국가나 정부에겐 어떤 원망도 하지 않고 "같은 일본인을 돕기 위해 시리아에 간 아들의 선량함과 용기를 알아주기 바란다"라고 밝혔습니다.

그 이전인 2004년 우리나라도 이와 유사한 일을 겪어 나라가 온통 시끄러웠던 적이 있었습니다. 우리 국민을 살해한 이슬람 단체는 알카에다였고 장소는 이라크였습니다. 모 무역회사 직원이 그곳에 들어가 미군에게 식자재 납품 일을 했었는데 알카에다에 의해 그가 납치된 것이었습니다. 당시는 위험 지역 여행금지제도가 발령 전이기도 해서 기업이 그런 위험한 곳에도 돈을 벌러 나간 것입니다. 그때 알카에다는 인질 석방 조건으로 우리 정부에게 이라크 철군을 요청했었는데 기일 내에 협상이 진척되지 않아 그는 위의 일본인과 마찬가지로 살해를 당했습니다. 국가 전체의 이익과 국민 개인의 목숨 사이에서 참으로 안타까운 일이 발생한 것입니다. 그때 그의 부모 반응은 위의 일본인 부모와는 너무나도 달랐습니다. 국가와 정부를 원망했고 매우 힘든 조건을 요구했습니다. 빈소에 노무현 대통령이 보낸 조화도 빈소 밖으로 쓰러트리며 밀어냈던 기억이 납니다. 그만큼 아들에 대한 사랑이 커서 그랬을 것입니다.

하지만 지리적으로 근접한 두 나라에서 비슷한 사건을 대하는 일반 국민의 태도가, 그리고 자식을 잃은 부모의 반응이 판이하게 다름은 놀라울 수밖에 없습니다. 사고를 대하는 우리 국민의 감정을 앞세운 행동과 태도의 표출은 인지상정이기도 하고 다반사로 보아왔기에 그렇게 놀랍지 않은데, 그렇게 하지 않는 일본인의 행동과 태도가 놀랍다는 것입니다.

2022년, 표절을 대하는 뮤지션

2022년 7월 우리나라 음악계를 뒤흔든 사건이 발생했습니다. 뮤지션이자 기획사 대표를 맡고 있는 영향력 있는 대중 음악계의 유명 인사가 세계적으로 그보다 더 유명한 일본 뮤지션의 음악을 표절했다는 논란이 터졌기 때문이었습니다. 그 일본인은 위의 인트로에서 2023년 사망했다고 한 그 뮤지션입니다. 사실 그 사건은 표절 논란도 놀랍지만 계속된 그 논란에 침묵으로 일관했던 일본의 그 뮤지션이 밝힌 공식적인 반응이 더 놀라웠습니다. 그 사태에 대해 종지부를 찍은 침묵을 깬 그의 일성, 그것은 걸작이라고 할 만큼 아주 인상적이고 의외성 넘치는 대답이었습니다. 그리고 동시에 왠지 아무 상관도 없는 저를 무색하게도 만든 대답이었습니다. 아래는 그때 그가 인터뷰에서 밝힌 내용입니다.

"모든 창작물은 기존의 예술에 영향을 받는다. 거기에 자신의 독창성을 5~10% 정도 가미한다면 훌륭하고 감사할 일이다. 저도 제가 사랑하고 존경하며 많은 것을 배운 바흐나 드뷔시로부터 강한 영향을 받은 여러 곡을 가지고 있다" (한겨레신문 2022. 7. 11.)

이미 여러 뉴스에서 밝혀진 대로 그는 피아니스트이자 작곡가로 할리우드 영화 음악의 거장으로도 활동한 사카모토 류이치입니다. 그런데 그의 이 말을 어떻게 해석해야 할까요? 표절을 했다는 건가요, 안 했다는 건가요? 과연 또 제가 지속적으로 당해오고(?) 있는 일본인스러운 태도와 어법을 그는 대답에서 보여주었습니다. 사실 저는 당시 이 기사를 보고 약간 짜증이 나기까지 했습니다. 창작을 하는 예술가와 작가는 경계가 애매하기도 한 유무형의 크리에이티비티가 생명이라 그것에 매진하고 때론 정신과 육체를 모두 하얗게 불사르기까지 하기에, 그들과 그들이 만든 작품을 보호해 주기 위해 사회적인 합의를 통해 만들어진 지적재산권(지식재산권)을 인정해 주는 것인데, 사카모토 류이치는 마치 공자님 말씀하듯이 남의 일처럼 안락하고 편안한 대답으로 그 사태를 종결시켰기 때문이었습니다. 대개의 사람들이 그러하듯이 분노할 수도 있고, 돈으로 보상받을 수 있는 법적 공방으로 시비를 가리자고 할 수도 있었는데 말입니다. 과거 국내 모 대기업의 캘린더에 들어간 사진에 대해 영국인 작가가 자신의 사진을 표절했다고 주장하며 국제적인 송사로 확대시킨 것처럼 말입니다.

그리고 사카모토 류이치가 인터뷰에서 그가 영향을 받았다고 하는 바흐나 드뷔시는 표절과는 아무 상관이 없는 음악가들입니다. 사후 70년이 지나면 지적재산권은 소멸이 되니까요. 제가 그의 대응에 무색하고 짜증까지 났다고는 하지만 사실 그보다는 예술과 다른 예술가를 대하는 그의 애티튜드에 신선한 충격을 받은 것이 더 먼저였습니다. 그가 일본인이라 그렇게 대응한 것은 절대로 아닐 것입니다. 아니면 시한부 인생으로 죽음을 앞둔 상황이라 세상의 것에 연연하지 않고파서 그런 멋스러운 모습을 보인 것일까요? 그는 그렇게 입장을 정리하고 8개월 후인 이듬해 3월 사망하였습니다.

쓰레기와 일본인

쓰레기와 관련한 일본인 이야기는 해외 토픽으로 종종 등장하곤 합니다. 가장 최근엔 야구의 월드컵 격인 2023년 월드베이스볼클래식(WBC)에서 출중한 실력으로 일본팀을 우승으로 이끌고 대회 MVP로 뽑힌 오타니 쇼헤이와 쓰레기가 화제가 되었습니다. 그는 더그아웃을 비롯한 야구 경기장 내에 떨어져 있는 쓰레기를 보면 그냥 지나치지 못하고 무조건 줍고 간다고 합니다. 실제 그런 장면은 그가 이전에 속한 프로야구 구단인 LA에인절스의 경기 TV 화면에 종종 잡히곤 했습니다. 심지어 그는 타자로 나서서 포볼을 얻어 1루로 뛰어가는 도중에도 고개 숙여 쓰레기를 줍기도 했습니다. 어렸을 때부터 그렇게 훈련이 되어서 자연스레 몸에 밴 것인데 그는 그 행위에 대해 태연하게 남의 운을 줍는 것이라고 대답했습니다. 공익이 아닌 그 자신을 위한 일을 하는 것이라는 것입니다. 남이 버린 쓰레기에 운이 있을 수 있을까요? 금이나 돈을 버렸으면 모를까요. 미신도 아니고…. 과연 대선수다운 행동이고 대답입니다.

또한 2022년 카타르 월드컵 때에도 일본 축구 국가대표 선수들과 쓰레기가 화제가 되었습니다. 그들이 축구 경기를 마치고 떠난 경기장의 라커룸이 세계적인 화제가 된 것입니다. 너무 깨끗해서였습니다. 90분 이상을 땀 흘리며 경기를 뛰고 들어와서도 그들은 떠나기 전 그곳을 깨끗이 청소하고 들어올 때와 똑같이 아무 흔적도 남기지 않고 떠났던 것입니다. 아, 그때 그들이 환경미화 하듯이 하나 남기고 떠난 것이 있었는데 그것은 예쁜 종이학이었습니다. 역시 또 행운을 상징하는 것이었습니다.

흔히 일본인은 집 안에 있는 쓰레기를 담장 밖으로 버리는 것이 아니라 담장 밖에 있는 쓰레기를 집 안으로 가져온다고 합니다. 제게도 일본에서 그와 같은 쓰레기 경험이 있었습니다. 2018년 메이지유신 150주년이 되던 해에 메이지 유신의 태동지인 야마구치현의 하기 마을로 답사를 갔었는데 거기에서 벌어진 일이었습니다. 이런저런 답사를 하는 와중에 그 작은 도시의 운동장에서 축제가 열려서 구경을 하며 테이크아웃 커피 한 잔을 샀는데 그것을 마신 후 도무지 그 빈 종이컵을 버릴 쓰레기통을 찾지 못한 것이었습니다. 운동장 주변을 아무리 둘러봐도 그렇게 부산스러운 축제의 현장임에도 그곳엔 쓰레기통도 없었고, 그것을 버릴만한 장소도 없었습니다. 어딜 봐도 너무 깨끗해서 차마 버릴 수가 없는 것이었습니다. 화장실엔 있겠지 하며 화장실까지 그 빈 컵을 들고 갔는데 그곳에도 역시 휴지는 있어도 휴지통은 없었습니다.

결국 저는 그것을 계속해서 들고 다닐 수밖에 없었습니다. 그렇게 오래된 마을 어디에도 쓰레기통과 버릴만한 지저분한 장소를 찾지 못했기 때문이었습니다. 호텔까지 들고 들어와서야 비로소 저는 그 빈 종이컵을 제 손에서 떠나보낼 수 있었습니다. 집 담장 밖 쓰레기를 집 안으로 가져온 것입니다. 제 평생 쓰레기와 가장 친하게 보낸 하루였습니다.

TAKEOUT 일본근대백년

초판 1쇄 인쇄 2024년 11월 20일
초판 1쇄 발행 2024년 11월 26일

지은이 하광용
펴낸이 정해종

펴낸곳 (주)파람북
출판등록 2018년 4월 30일 제2018-000126호
주소 경기도 회동길 480 아트팩토리엔제이에프 B동 222호
전자우편 info@parambook.co.kr
인스타그램 @param.book
페이스북 www.facebook.com/parambook/
네이버 포스트 m.post.naver.com/parambook
대표전화 031-935-4049

편집 현종희
디자인 이승욱

ISBN 979-11-7274-023-8 03910